차훈명상과 아름다운 삶

차 훈 명 상
茶 熏 冥 想

감수_ 정 암(靜岩)

저자_ 선 해(仙海)

차훈명상 수련은 음양(陰陽)을 조화롭게 하고 동정(動靜)을 융화시키며
물아일여(物我一如)의 선경(仙境)에 노닐면서 태극(太極)의
이치를 체득하여 궁극에 대도(大道)의 세계에서 소요하는 삶을 실현하는데 목적이 있다.

하늘북

차훈명상 수련용품

차茶훈薰 명冥상想

선해 이경희 여사님께 드립니다.
― 로우-위-례(樓宇烈)

로우교수님 말씀

본분사(本分事)
평상심(平常心)
자재인생(自在人生)
이 셋을 삼위일체로
하는 삶

차훈명상은
바로
이러한 생활을 돕는
차훈이요
명상이며
차훈명상이다!

▲ 저자의 책 《차훈명상》 출판을 기념하여 로우-위-레 교수님(우)께서 써 주신 「차훈명상」 글

　로우-위-레 교수님은 북경대학교 철학과 종신교수이며 중국 철학의 석학이시고
감수하신 정암선생님의 석·박사 지도스승입니다.

▲ 차훈명상을 체계화한 정암선생님(우)과 서문을 써 주신 북경대학교 체육학부 리·차오·빈(李朝斌)교수님.

정암선생님은 8세에 입산수도를 시작으로 지리산, 아미산 설산 등지에서 수행정진 하셨습니다. 동국대를 거쳐 중국 북경대에서 중국철학을 연구하여 석·박사학위를 받으셨으며, 지금은 주로 곤륜산 자락에서 차훈 요가·태극권·명상 등의 불이양생법을 수련자들에게 지도하고 계십니다. 리·차오·빈 교수님은 중국 전통 양생문화의 전문가이며 전통태극권의 대가입니다.

차훈명상 체험 感悟茶熏冥想序

십여년 전에 처음 정암선생님을 만났을 때, 중국문화의 깊이있는 이해와 인류를 위하는 수행정신이 심후한 것을 보고 매우 감동했습니다. 한국사람으로서 중국전통문화를 깊이 연구하여 현대인에게 맞는 차훈명상수련법을 만드신 것은 세계인류 양생문화에 있어서 커다란 혁신입니다. 차훈의 기원은 곤륜산의 수행자들로부터 비롯되었습니다. 뜨거운 물에서 발생하는 찻잎의 훈기를 호흡을 통해 들여 마시며, 귀ㆍ눈ㆍ얼굴 등에 쐬어서 전신기혈을 조절하고 몸 안의 차고 탁한 기운을 정화시킴으로써 양생효과를 얻게 됩니다.

정암선생님은 이러한 고대의 양생방법을 현대 양생학에 적용했으며, 또한 태극권ㆍ다도ㆍ요가 등 중국과 한국, 인도의 우수한 동방전통문화를 융합하여 독특한 차훈명상양생법을 만드셨습니다. 이 양생법은 몸에서부터 마음에 이르기까지 안과 밖이 함께 정화되어 현대인들이 분주한 사회현상으로부터 편안함을 얻을 수 있는 아주 귀중한 몸과 마음의 건강법입니다.

몇 년 동안 제 스스로 직접 차훈명상의 수련을 통하여 신기한 양생효과를 체험한 바 있습니다.

정암선생님은 인자하고 후덕하여 세상을 이롭게하는 자비심이 많은 분입니다. 이러한 스승의 정신을 계승한 선해 여사께서 차훈명상수련법을 책으로 출판해서 많은 사람들을 이롭게 하고자 한다는 말씀을 듣고 격동하는 마음 금할길 없어서 이와같이 축하하고 격려해 드리는 서문을 쓰게 되었습니다.

많은 사람들이 차훈명상의 수련으로 좋은 기운을 얻어서 나날히 건강하고 지혜로운 소요자재의 행복한 인생을 실현하기를 기원드립니다.

북경대학교 무술연구중심 비서장 리-차오-빈
北京大學校 武術硏究中心 秘書長 李 朝 斌

차훈명상과 아름다운 삶

茶熏冥想與美麗人生

만물은 고요함에서 나옵니다.

고요함이란 생명의 본질이 현상으로 나타나게 되는 시작의 변화를 의미합니다.

이천여년 전부터 중국 곤륜산 자락에서 신선도를 수련하는 선남선녀들이 수명장수의 장생불사를 성취하고자 만들어진 고요함을 바탕으로 하는 도인선녀와 정좌명상, 그리고 차훈득기의 삼위일체로 이루어진 양생비법이 오늘날까지 전해오고 있습니다.

이러한 양생법으로 수련하던 적지 않은 여성들이 아름다운 미모와 날씬한 몸매를 유지하였을 뿐만아니라 나이가 노년에 접어 들어서도 삼십 대의 피부와 몸매를 유지하며 장수를 누렸습니다.

십년 전 곤륜산 자락인 아미산에서 이러한 양생비법을 전수 받은 후로 연구와 수련 그리고 임상체험을 거쳐 현대인에게 알맞는 양생수련법으로 재정립해서 그 명칭을 차훈명상이라 정했습니다. 2000년 봄 북경대학에서 차훈명상법 수련지도를 시작으로 홍콩, 대만 등지에서 보급활동을 하면서 많은 사람들의 심신건강과 아름다움을 도왔습니다.

한국에 계시는 선해여사가 중국 종남산에 오셔서 단식수련으로 이어지는 황토굴 생활을 하면서 미인장수양생법인 〈여성을 위한 차훈명상수련법〉을 전수받았습니다.

한국 여성들의 건강과 아름다움을 위해 차훈명상법을 책으로 엮어 출판한다 하니, 선해여사의 바다와 같은 큰 마음에 찬사를 보냅니다.

한국에 계시는 많은 여성들이 차훈명상수련을 통해 건강하고 아름다운 몸과 지혜롭고 편안한 마음을 성취해서 하루하루가 행복한 삶 되시기를 기원합니다!

2005년 가을 아미산에서

정암

차훈명상 책을 내면서
《茶薰冥想》出版

작년 봄에 장안마을에서 차훈명상을 창시하신 정암선생님을 처음 뵙게되었습니다. 이때 중국 국제차문화학술회의에서 발표한 선생님의 논문을 보고 제가 평소에 생각하지 못한 차훈(茶薰)과 명상(冥想)을 함께하는 수련법이 있음을 알게되었습니다. 그 논문의 제목은 「생활선과 차훈요가」였으며 그 주된 내용은 다선일여의 다도정신이었습니다.

차훈명상법은 다선일여의 다도정신과 도인호흡의 양생수련을 융합함으로써 몸과 마음을 함께 양생하는 건강법이었습니다. 이 수련법을 배우고자 직접 정암선생님이 계시는 중국 종남산 토굴을 작년 여름에 찾아가게 되었습니다. 이곳에서 한달간 머물며 차훈명상과 차훈요가를 지도 받았습니다.

그동안 수련체험과 임상연구를 통하여 차훈명상법이 남녀노소 모두에게 양생 효과가 있으며, 특히 중·노년의 심신건강과 피부를 맑게 하고 생기를 주는데 탁월한 효과가 있었습니다.

그래서 부족하나 용기를 내서 차훈명상을 배우신 여러분들의 지지와, 북경대학교 로우-위-례 교수님 리-차오-빈 교수님의 격려와 그리고 저에게 가르침을 베풀어 주신 정암선생님의 후원으로 이 책을 출판하게 되었습니다.

이 책이 나오기까지 수련법 전수와 부족함이 많은 저를 제자로 받아주신 정암선생님께 감사드립니다.

그리고 책명을 써주신 로우교수님과 서문을 써주신 리교수님 그리고 아울러 물심양면으로 지지해 주신 목우스님, 지한거사님, 보리선생님 등 주변의 많은 분들과 도서출판 하늘북 김현회 사장님께도 감사드립니다.

건강한 나날을 차훈명상과 함께 하시길……!

2005년 11월
선해 삼가 씀

목차
Contents

차훈명상 체험 …………………………………………………… 09
차훈명상과 아름다운 삶 ………………………………………… 10
차훈명상 책을 내면서 …………………………………………… 11
차훈명상이란! …………………………………………………… 14
차훈명상 효과 …………………………………………………… 16

차훈명상수련법

수련 1 차훈득기 茶熏得氣 23
　　1 차훈준비 準備茶熏 ……………………………………… 26
　　2 심신이완 靜心放松 ……………………………………… 28
　　3 청량찻물 放茶倒水 ……………………………………… 30
　　4 조식훈기 調息熏氣 ……………………………………… 32
　　5 가슴보뇌 挺胸補腦 ……………………………………… 36
　　6 운기개안 運氣開眼 ……………………………………… 38

수련 2 도인호흡 導引呼吸 41
　　1 직상도인 直上導引 ……………………………………… 44
　　2 전진도인 前推導引 ……………………………………… 46
　　3 후퇴도인 後推導引 ……………………………………… 48
　　4 합상도인 合上導引 ……………………………………… 50
　　5 직하도인 直下導引 ……………………………………… 52

수련 3 선녀보기 仙女補氣 55
　　1 임맥호흡 任脉呼吸 ……………………………………… 58
　　2 독맥호흡 督脉呼吸 ……………………………………… 62
　　3 가슴보기 胸部補氣 ……………………………………… 66

    4 윗배보기 上腹補氣 ··· 68
    5 하복보기 下腹補氣 ··· 70
    6 허리보기 腰部補氣 ··· 72
    7 무릎보기 膝蓋補氣 ··· 74
    8 단전보기 丹田補氣 ··· 76
    9 선녀보기 마무리 ·· 78

수련 4 정좌명상 靜坐冥想 81

    1 자세조정 調整姿勢 ··· 84
    2 합장기도 合掌祈禱 ··· 86
    3 부위관상 觀想部位 ··· 88
    4 천인합일 天人合一 ··· 98

수련 5 환귀원처 還歸原處 113

    1 장심양기 掌心養氣 ·· 116
    2 안면양기 顔面養氣 ·· 120
    3 두발양기 頭髮養氣 ·· 122
    4 두피양기 頭皮養氣 ·· 124
    5 손팔양기 手臂養氣 ·· 126
    6 늑골양기 勒骨養氣 ·· 128
    7 앞몸양기 胸腹養氣 ·· 130
    8 신장양기 腎臟養氣 ·· 132
    9 다리양기 腿脚養氣 ·· 134
  10 호흡양기 呼吸養氣 ·· 136

특별1 미인차훈법 美人茶熏法 ·· 139
특별2 통기차훈법 通氣茶熏法 ·· 145
특별3 단식차훈법 斷食茶熏法 ·· 153

차훈명상 문답 ·· 160

차훈명상이란!

양생을 중요시하는 차훈명상 수련에서는 차茶자를 다음과 같이 해석한다.

차茶 자는 위와 중간 그리고 밑부분으로 구성되어 있다. 이것을 뜻으로 표현하면 위의 잎[卄]과 아래의 나무[木], 그리고 그 사이에 사람[人]의 모습이 있다. 이것은 하늘의 기운을 받아들이는 잎과, 땅의 기운을 받아들이는 뿌리와 줄기를 사람이 취한다는 뜻을 갖고 있다. 이는 잎과 나무를 통해 하늘과 땅의 기운을 사람의 몸에 모아 천지인의 기운을 합일시킨다는 의미를 담고있다.

훈熏 은 물질에 열을 가해서 물질이 갖는 기운을 밖으로 끄집어 내는 기법이다. 뜨거운 김을 타고 나오는 찻잎의 기운에는 우리 몸에 필요한 영양성분뿐만 아니라 기혈통창을 돕고 의식을 맑혀주는 에너지가 함께 내포되어 있다. 이러한 에너지와 영양성분을 훈을 통해서 우리 몸안으로 받아들인다.

명冥 은 어두움을 뜻하며 음의 세계인 무극과 생명의 원천인 고요함과는 서로 상통하는 말이며 현상화되기 이전의 본원의 경계를 의미한다. 다시 말하면 의식분별의 모양인 생각[想]이 노니는 곳이라 말할 수 있다. 그러나 이곳에 연관되는 상(想, 생각)은 현상과 연결된 생각이 아니라, 몸과 주변환경을 떠나서 존재하는 사유의 범주인데 정[定]에 몰입한 의식속에서 분별하는 생각이라고 볼 수 있다.

상想 은 의식의 분별을 생각[想]이라 표현하는데 여기에서의 상은 명(冥)의 세계에 노닐고 있는 생각을 뜻한다. 눈을 감고 외부의 물질로부터 자신의 의식을 분리시키고 더 나아가 자신의 육신 마저도 잊어버리고 초월적인 세계에 몰입[定]한다. 그러나 말하고 먹고 일할 때에는 눈을 뜨고 현실세계로 돌아온다. 이것은 움직이는 동안에는 선정에 들어갈 수 없다는 것이다. 그래서 초월세계의 해탈의식과 현실세계의 생활의식으로 나누고, 이러한 사상개념은 다시 생명고통의 현실사회와 범아일여의 이상세계로 구분짓게 되었다.

명상이란 육체와 정신을 분리하여 자신의 근원을 찾아 물질계를 초월하여 정신적인 이상의 세계에 가고자 하는 바람에서 시작된 수행법이다.

차훈은 몸의 움직임뿐만 아니라 생명기운의 상징인 찻잎과, 생명유지의 기틀인 찻상과, 생명존재의 원천인 찻물과, 생명보호의 하늘인 찻보와 생명음양의 단전인 차완과 함께 생명을 기르는 수련법이다. 명상이 정(靜)속에서 동(動)을 발현하는 정공수련인 점에 비해 차훈은 동 속에서 정을 일깨우는 동공수련이다.

차훈명상 수련은 음양(陰陽)을 조화롭게 하고 동정(動靜)을 융화시키며 물아일여(物我一如)의 선경(仙境)에 노닐면서 태극(太極)의 이치를 체득하여 궁극에 대도(大道)의 세계에서 소요하는 삶을 실현하는 데 목적이 있다.

차훈명상의 기초단계인 동정을 융화하고 음양이 조화되는 차훈득기, 도인호흡, 선녀보기, 정좌명상, 환귀원처의 다섯가지 수련을 통해서 우리는 건강한 몸과 맑은 정신을 유지할 수 있다.

차훈명상 효과

- 暢通氣血
  기혈통창

- 增强呼吸功能
  호흡기능의 강화

- 增强腸胃功能
  소화기 기능을 활성화 하고 배설기관을 정화

- 明目淸腦順耳
  맑은 눈, 건강한 뇌, 밝은 귀

- 胸部彈力豊滿
  탄력있고 풍만한 가슴

- 顔部皮膚美容
  맑고 윤기나는 얼굴

▣■■ 전신의 기혈을 통창시킨다.

　　기와 혈은 건강을 측정하는 지표이자 행복한 삶을 영위하는 기본조건이다. 밖으로 피부와 눈 귀의 건강과 안으로는 오장육부 근골에 이르기 까지 기혈은 절대적인 영향을 미친다. 차훈명상 수련은 가장 먼저 기혈통창을 돕는다.

▣■■ 호흡기능을 강화시킨다.

　　호흡의 중요성은 백번 강조해도 부족하지 않다. 음식인 경우 수십일을 먹지 않아도 살아남을 수 있으나, 호흡은 단 몇 분만 멈춰도 목숨을 잃고 만다.
차의 기운은 들이마시는 숨을 따라 허파로 들어가서 피를 신선하게 하고, 내쉬는 숨을 따라 몸속의 탁한 기운을 밖으로 내보낸다. 또한 열을 식히고 마음을 안정시키며, 기를 내려주고, 막힌 곳을 풀어주기도 한다. 호흡이 중요하듯 공기의 청정 또한 중요하다. 오늘날과 같이 오염된 대기 속에서 생활하는 현대인들은 다양한 질병의 위험 앞에 속수무책이다.
차훈명상은 차의 신령한 기운을 깊은 숨과 함께 들이마심으로써 만병의 근원인 탁한 피를 맑게한다. 또한 호흡기관을 정화시키고 그 기능이 가장 원활한 상태로 지속되게 해준다.

▣■■ 소화기 기능을 활성화 시키고 배설기관을 정화시킨다.

　　현대인들이 섭취하고 있는 음식물은 대기 못지않게 크게 오염되어 있다. 오염된 음식물은 몸의 기혈을 탁하게 만들뿐만 아니라 소화기를 병들게 하고 배설기관의 기능을 약화시킨다. 음식물이 들어오고 나가는 두 문에 문제가 생기면 생명의 원활한 신진대사를 기대할 수 없다.
차훈명상의 찻물복용, 전신호흡, 복부보기, 복부관상 수련으로 소화기능을 향상하고 배설기능을 강화시켜 비록 오염된 음식이 몸 안으로 들어와도 이것을 잘 분해해서 건강하도록 돕는다.

▣■■ 맑은 눈, 밝은 귀, 건강한 뇌

　　동양의학에서 안과 밖을 표리관계로 본다. 밖의 어느 부위에 문제가 발생하면 안에 연관된 기능에도 분명 문제가 있다는 것이다. 예를 들면 눈에 이상이 생기면 간에 문제가 있고, 귀에 이상이 생기면 신장에 문제가 있다. 이것은 신장과 귀, 간장과 눈은 서로 표리관계이기 때문이다.
차훈명상은 동(動)과 정(靜)을 조화롭게 하는 수련으로, 음양의 평형과 의식의 이완으로 항상 고요한 산속처럼, 맑은 호수처럼 뇌의 건강한 상태를 유지토록 함으로써 눈에 들어오는 사물은 선명하게 보이고, 귀에 들어오는 소리는 낭랑하게 들리도록 돕는다.

□■■ 탄력있고 풍만한 가슴

풍만한 가슴은 탄력에서 나온다. 탄력은 강함과 부드러움을 함께 지녔을 때 나온다. 만약에 강하기만 하고 부드럽지 않으면 통나무처럼 딱딱해서 부러지기 쉽다. 만약에 부드럽기만 하고 강하지 못하면 늘 힘없이 늘어져 있다.

가슴이 풍만하면 전신이 모두 탄력이 있다. 풍만한 가슴은 곧 건강한 몸을 상징한다. 차훈명상은 먼저 도인호흡을 통해서 관절 마디마디를 부드럽게 풀어주고, 전신호흡과 관상의념을 결합해서 세포 하나하나에 힘을 실어준다. 마지막 환귀원처의 타법으로 세포에 내재한 강한의식과 관절에 연결된 부드러운 기운이 서로 융화되어 탄력을 만들어낸다.

□■■ 맑고 윤기나는 얼굴

피부나 머리카락의 윤기 또한 신장의 기능에 의해서 나온다. 이것은 신장이 신체의 수분을 정화하는 공능을 지니고 있기 때문이다. 건조한 피부와 건조한 머리카락은 윤기있는 피부, 윤기있는 머리카락의 반대개념이다. 즉 수분이 부족한 상태를 뜻한다.

수분이 부족한 경우는 몸안에 공급되는 물이 부족해서라기 보다는 몸안으로 들어온 물을 제대로 흡수해서 피부나 머리카락에 공급하지 못하기 때문이다. 차훈명상은 이러한 공급기능의 저하현상을 기혈통창을 돕는 수련으로 그 기능을 활성화시켜 윤기있고 건강한 피부와 머리카락을 유지할 수 있도록 돕는다.

□■■ **다선일여**(茶禪一如)

다선일여의 정신과 찻잎향기(茶葉香氣)의 기운을 바탕으로 이루어지는 건강한 삶의 실현

□■■ **약초훈법**(藥草熏法)

수천년 전부터 중국 곤륜산 자락인 사천의 청성산, 아미산 일대에서 심신양생을 위해 선남선녀들이 수련하던 약초훈법을 현대인들에게 맞게 차훈법으로 재정립한 차훈명상 양생수련법이다.

□■■ **탄력미모**(彈力美貌)

차훈명상은 도가수행을 하던 여인들처럼 나이가 70~80이 되어서도 30대의 윤기있고 탄력있는 미모와 건강한 심신을 유지할 수 있게 하는데 큰 도움이 된다.

차훈명상 茶熏冥想

차훈명상수련법
茶熏冥想修煉法

수련 1_ **차훈득기** 茶熏得氣

수련 2_ **도인호흡** 導引呼吸

수련 3_ **선녀보기** 仙女補氣

수련 4_ **정좌명상** 靜坐冥想

수련 5_ **환귀원처** 還歸原處

차茶를 마시면 장수한다.

대중 3년에 동도에서 수행승 한 분이 왔는데 나이가 120세였다.
선황제 왈 : 스님께서는 무슨 신묘한 약을 복용하시기에 이렇듯 건강하게 장수하십니까?
스님 대답 : 저는 어릴 때부터 배운 바가 없어서 약의 성분에 대해 아는 바가 없습니다. 본래 차 마시기를 즐겨서 어디가서나 차가 있으면 구해오곤 합니다. 운이 좋게도 차를 구입하는 날에는 하루동안 백 여 사발을 마시고 평소에도 사오십 사발씩은 마십니다.

— 송나라 전이가 쓴 《남부신서》 제8권에서

飮茶長壽

大中三年, 東都進一僧, 年一百二十歲.
宣皇問 : 服何葯而至此
僧對曰 : 臣少也賤 素不知葯性.
　　本好茶, 至處唯茶是求. 或遇茶, 日過百余碗, 如常日, 亦不下四五十碗.

— [宋] 錢易《南部新書》卷8

I

차훈득기
茶熏得氣

1. 차훈준비　準備茶熏
2. 심신이완　靜心放松
3. 청량찻물　放茶倒水
4. 조식훈기　調息熏氣
5. 가슴보뇌　挺胸補腦
6. 운기개안　運氣開眼

□■■ 차훈득기 해설

　찻잎과 뜨거운 물이 어울어져 만들어진 기운은 비공과 모공을 통해 몸안으로 들어와서 전신의 기혈을 통창시키고 의식을 맑혀 준다.

　차(茶)는 수천년 전부터 사람의 질병을 예방하고 치료하는 신묘(神妙)한 약재(藥材)로 쓰여왔다. 특히 불교의 수행자들 사이에서는 당나라 시대부터 의식을 깨어있게 하는 각성(覺醒)음료로 널리 애용되어 왔다.

　오늘날 과학적 실험을 통해 차의 성분을 조사해 본 결과 차에는 몸 안에 축적된 중금속을 배출시켜주는 탁월한 효능이 있음이 밝혀졌다.

　차훈은 뜨거운 찻물에서 발생하는 열기를 오장육부의 신경이 함께 모여 있는 얼굴 눈 귀에 쐬어 주고 마시는 특별한 공법이다.

뜨거운 열기는 굳어진 세포와 신경을 이완시켜 주고 활짝 열려진 모공으로 차기운이 들어와 오장의 기혈을 조화롭게 만들고 세포 속의 노폐물을 말끔히 씻어준다.

이 공법(功法)은 옛날부터 내려오는 훈법(熏法)에 근거한 것으로 옛날에는 다양한 꽃, 풀잎, 나뭇잎, 약재를 사용했다. 차훈명상은 누구나 부작용 없이 좋은 양생효과를 얻게 하기 위해 찻잎을 사용하고 있다.

찻잎을 넣고 뜨거운 물을 차완에 부으면 차의 기운이 우러나와 차완에 가득 담긴다. 이 때 차기운은 색깔·냄새·맛을 내는데, 우리는 이것을 눈·코·입을 통해 받아드린다.

또, 뜨거운 김에 서린 차기(茶氣)가 훈(熏)하는 부위에 와 닿을 때 그 독특한 기감(氣感)을 피부로 느낄 수 있으며, 물이 끓고 찻물 따르는 소리 속에 녹아있는 차의 기운 또한 귀를 통해 받아들일 수 있다.

이와 같이 빛깔·냄새·맛·느낌·소리 속에 녹아 있는 신령한 차의 기운을 눈·코·혀·피부·귀로 명확히 알아차려 감각의 뿌리를 각성시키고 정화시키는 것을 차훈득기라 한다.

□■■ 의학서에 나오는 훈법의 양생효과

훈법은 세법과 함께 훈세법(熏洗法)으로 발전되어왔다. 중국의학을 대표하는《황제내경》과 동한시대 장중경이 저술한《상한론》에서 훈세법의 치료효과를 강조하고 있다. 그뿐만 아니라 한나라의 의성으로 불리는 화타 또한《화타유선》에서 훈세법의 양생효과를 강조하고 있다.

진나라 갈홍의《조의비급방》과 당나라 손사막의《천금묘방》에서도 훈세법의 중요성을 강조하였으며, 명나라 이시진의《본초강목》에서도 훈세법이 강조되고 있다.

1. 차훈준비
準備茶熏

1. **장소** _ 집안에서 가장 조용하고 안정된 방이 좋다. 방은 2~3평정도의 공간이 좋으며 방을 전문 차훈방으로 만든다. 그리고 방안에는 차훈명상 도구 이외의 것은 두지 않는것이 좋다. 물건들이 있을 경우나 방안이 클 경우에는 두세평정도의 공간으로 병풍 등으로 가리고 차훈명상을 한다.

2. **시간** _ 아침에 일어나서 세수나 샤워후에 차훈명상을 하고 활동을 시작한다. 늦게자고 늦게일 어나는 경우에도 일어나서 세안이나 샤워후에 차훈명상을 한다. 귀가한 다음에는 가벼이 얼굴과 몸을 씻고 차훈명상을 한다. 취침전에 차훈명상을 하면 숙면을 취하는데 도움이 된다. 단 차훈명상 후에 냉수를 마시는 것을 금한다.

3. **음악** _ 차훈명상 장소가 자연환경일 경우에 따로 음악을 준비하지 않는다. 처음 차훈명상을 할 경우나 차훈명상이 습관화 되지 않는 경우에는 차훈명상을 인도하는 명상음악을 활용한다. 잡음이 많은 환경에서는 본인이 좋아하는 음악을 틀어놓고 차훈명상을 한다. 차훈명상중에는 소리로 방해받지 않도록 전화 등의 벨소리를 조절한다.

4. **불빛** _ 불빛은 부드럽고 온화한 빛이 좋다.

5. **향기** _ 방안에 냄새가 강할 경우에는 차훈명상 중의 찻잎에서 나오는 향을 맡는데 방해가 되기 때문에 먼저 방문을 열어 환풍을 시킨 다음에 차훈명상을 한다.

6. **차훈완** _ 도자기로 만든 차훈완이 좋다. 그러나 여의치 않을 경우에 적당한 크기의 그릇으로도 가능하다. 차훈완의 크기는 입술밑과 턱의 움푹파인 곳에서 이마의 중앙에서 머리카락이 난곳의 사이까지 닿는 크기의 차훈완이 좋다.

7. **찻잎** _ 중국 복건성에서 생산되는 철관음이 좋다. 대만에서 생산되는 철관음이나 오룡차도 좋으며 반발효차나 발효차인 우리나라의 황차나 홍차도 괜찮다. 차훈에서 100℃의 끓는 물을 사용하기 때문에 일반녹차인 경우에는 익어버릴수가 있어서 비타민 등 영양소가 파괴되는 경우가 있다. 그러나 찻잎에는 몸과 마음을 이롭게 하는 좋은 성분이 많아서 뜨거운 기운속에서 우러나오는 효과 또한 매우 크다.

8. **탁자** _ 넓이는 세로40cm, 가로70cm, 높이30cm가 좋다. 준비가 안된 경우에는 세로가 팔꿈치에서 손가락끝까지 길이 이상, 그리고 가로가 두 팔꿈치를 펴서 탁자에 놓았을 경우에 가능한 길이면 된다. 재질은 목탁자가 좋으나 유리나 돌 등 차가운 성분으로 만든 차탁인 경우에는 두꺼운 보를 깔고 차훈명상을 한다.

9. **차훈보** _ 가볍고 미끄럽지 않은 천으로 만든 1m이상의 길이에 세로 50cm이상의 보가 좋다. 통기차훈법 등 특별한 훈법을 할 경우에는 두꺼운 보나 대형수건, 모포 등을 이용한다.

10. **찻물** _ 생수를 사용한다.

11. **복장** _ 홈웨어나 잠옷 등 편안한 복장을 한다. 시계나 목걸이 등의 장식품은 수련후에 한다.

12. **환기** _ 실내공기가 청정한 상태에서 한다. 실내공기가 청정하지 않을 경우에는 공기청정기 등을 사용하면 도움이 된다.

13. **온도** _ 몸이 느끼는 가장 쾌적한 온도에서 한다. 방안 온도가 더울시에는 먼저 창문을 열어서 온도를 조절한 후에 하고 여름인 경우에는 에어컨 등을 틀어서 실내온도를 적정하게 한다. 또는 방안 온도가 추울경우는 스팀이나 온풍기를 이용하여 방안의 온도를 적정하게 한다. 그러나 편의상 방안의 온도가 추운상태에서 차훈명상을 해야할 경우에는 두꺼운 방석을 깔고 허리에서 발까지 이불을 감아서 몸을 따뜻하게 한다.

2. 심신이완
靜心放松

○ 결가부좌나 반가부좌로 앉는다.
○ 허리를 바르게 펴고 엉덩이 밑에 수건을 접어서 높이를 조절한다.
○ 어깨에 힘을 빼고 손바닥을 무릎위에 놓는다.
○ 귀가 어깨선과 수직이 되게 한다.
○ 턱을 목 쪽으로 약간 당긴다.
○ 눈을 지그시 감는다.

이와 같이 자세를 취한 다음 심신이완에 들어간다. 먼저 몸을 이완하고 그 다음에 의식을 이완한다. 호흡의 조절로 몸과 마음을 이완한다.

▫▪■ 몸을 이완하는 과정

- 들숨 : 먼저 숨을 가슴으로 크게 들이마신다. 가슴을 최대한 풍만하게 앞으로 내밀면서 아랫배를 등쪽으로 끌어당긴다. (2~3초간)
- 지식 : 3~8초간 호흡을 멈춘다. 지식상태에서 온 몸이 청량한 공기로 가득 차 있다고 의식한다.
- 날숨 : 멈춘 호흡에서 공기가 가득찬 풍선을 놓으면 안에 공기가 터져 나오듯이 순간적으로 호흡이 자연스럽게 터져 나오도록 한다. 날숨을 하는 동안 머리끝(백회)에서 발끝(용천)까지 전신의 변화를 느낀다.

▫▪■ 마음을 이완하는 과정

○ 먼저 내 몸이 푸른 하늘의 흰 구름과 같다고 생각한다. (30초~1분간)

- 들숨 : 들이마시는 숨에 의해서 흰 구름은 움직인다.
- 날숨 : 내쉬는 숨에 의해서 흰 구름은 사라진다.

이와 같이 호흡을 반복하는 동안 푸른 하늘만 남아 있게 된다.

● **마음이완의 중요성**

여기서 말하는 마음이란 분별의식을 말한다. 분별의식은 두뇌활동에 의해 일어나는 마음작용이어서 이러한 의식이 너무 지나치게 사용되었거나, 혹은 짧은 시간이라도 큰 충격을 받게 되면 뇌의 기능이 손상되기 쉽다. 이러한 분별의식으로부터 오는 마음의 스트레스가 쌓이게 되면 신경성 질환을 얻게될 뿐만 아니라 여성의 경우 아름다운 피부는 손상되고, 날씬한 몸은 균형이 깨져서 젊은 시절의 활기차던 모습은 무력함으로 변한다.

차훈명상수련은 마음의 이완을 통해서 뇌의 기능을 활성화시키고 마음의 스트레스를 제거해서 안으로는 오장육부가 건강하고 밖으로는 피부와 몸매가 다시 생기를 얻게되어 활력있고 지혜롭게 인생을 보내는데 큰 도움을 준다.

◇ 보조설명 ◇

전문 수행자의 경우는 정좌를 한 다음에 한 두번의 호흡으로도 바로 심신이 이완된다. 그러나 초보 수행자는 먼저 몸을 이완하고, 그 다음 마음을 이완하는 과정을 거쳐서야만 충분한 몸과 마음의 이완 효과를 얻을 수 있다.

3. 청량찻물
放茶倒水

- 왼손으로 찻통을 들어서 오른손으로 뚜껑을 연 다음, 차훈을 할 적당량의 찻잎을 오른손바닥에 붓는다.
- 오른손을 목 높이로 들어서 찻잎을 바라본다. 그때 녹색의 찻잎에서 나오는 생명의 원동력을 눈과 손바닥(노궁혈)을 통해서 몸 안으로 받아 들인다. (3~8초간)

○ 손의 찻잎을 손바닥에 물을 흘리듯이 손가를 통해서 차훈완에 붓는다.

○ 오른손으로 물 주전자를 들어서 차
훈완에 100°의 끓는 물을 붓는다.
물은 차훈완의 절반까지만 붓는다.
물을 붓는 동안 찻잎이 차훈완 속
에서 뒹구는 모양을 바라본다.

차훈득기 茶熏得氣

4. 조식훈기
調息熏氣

■■■ 조식훈기 준비과정

- 타월을 펴서 어깨에 두른다.
- 팔꿈치를 탁자 위에 올린 다음 손바닥을 바닥에 놓는다. 이때 두 손을 수평으로 놓고 가슴 넓이로 벌리며, 차훈완이 가슴의 중심부위에 그리고 두 팔목의 직선거리에 놓이게 한다.
- 위의 상태로 1~3초간 차훈완 안을 들여다 본다.

○ 등과 허리를 일직선으로 유지하면서 몸을 차훈완을 향해 서서히 숙인다.
○ 뜨거운 기운을 받아가면서 턱(아랫입술과 턱 중간)을 차훈완 위에 얹는다.
○ 팔꿈치로 몸무게를 받친 상태에서 두 손의 식지와 엄지로 타월을 잡아서 머리 위에 씌운다.
○ 두 손바닥으로 차훈완을 감싸고 이마를 차훈완 위에 놓는다. 이때 이마와 턱은 차훈완 위에 가볍게 닿게 한다.
○ 피부에 느낌이 너무 뜨겁게 느껴질때에는 차훈완에서 얼굴을 약간 뗀다.
○ 이러한 상태를 유지하면서 조식훈기수련에 들어간다.

차훈명상 茶熏冥想

□■■ 조식훈기 제1단계 수련

○ 뜨거운 물에서 증발되어 올라오는 차향을 코로 깊게 들이마신다.
○ 완전하게 다 들어마신 후에는 그 상태를 1~3초간 유지한다.
○ 다시 코로 숨을 내쉰다. 이때 숨은 자연호흡 상태에 둔다.
  (호흡을 3~8회)

□■■ 조식훈기 제2단계 수련

○ 차훈완에서 형성되는 뜨거운 기운이 손바닥을 통해서 팔목, 팔꿈치, 어깨, 등, 허리를 거쳐 하복부(단전)로 전이되는 기운을 관찰한다. (30초~1분)

□■■ 조식훈기 제3단계 수련

들숨 : 숨을 들이 마시면서 들어오는 차향이 폐를 거쳐서 위로는 뇌로 아래로는 신장에까지 전해지는 것을 느낀다.
날숨 : 숨을 내쉬는 동안 차훈완에서 증발되어 올라오는 뜨거운 기운이 얼굴 표피에 닿는 것을 느낀다. (호흡을 3~8회)

□■■ 조식훈기 마무리과정

○ 손바닥을 탁자 위에 놓는다.
○ 차훈완에서 먼저 이마를 떼고 그 다음 턱을 떼면서 팔을 쭉 뻗는다.
○ 머리와 가슴을 들어 올린다.
○ 머리와 등과 허리를 바르게 한다.
○ 심호흡 3회.

5. 가슴보뇌
挺胸補腦

○ 눈을 감은 상태에서 허리를 펴고 손가락을 붙여서 손바닥을 문지른다. 손가락 끝이 45° 바깥 방향으로 향하게 하여 손바닥에 열감이 느껴질 때까지 문지른다.
○ 손가락을 껴서 두 엄지를 맞닿게 한 다음 손을 들어 이마의 머리선 중앙에 두 엄지손가락을 놓는다.
○ 손바닥으로 머리카락을 쓸어 넘기면서 손바닥이 정수리를 지나면서 부터 가슴을 펴기 시작한다. 손바닥이 뒷통수에 와 닿았을 때는 가슴을 완전히 들어서 앞으로 내민 상태이다.
○ 손바닥은 의자처럼 고정되어 있고 그곳에 뒷머리를 갖다 기댄다. 이때 손바닥이 머리를 앞으로 미는 현상이 일어나지 않게 한다. 머리와 목은 완전히 이완되어진 상태로 손바닥에 기대고 있을 뿐이다. 호흡은 자연스럽게 하고 의식은 가슴에 둔다.(1~3분간)

차훈득기 茶薰得氣

6. 운기개안
運氣開眼

○ 눈을 감은 채로 손깍지를 풀면서 손가락이 뒷목을 스쳐 내려온다.
○ 다시 손가락이 옆목을 거쳐서 앞목을 쓰다듬으며 내려온다.
○ 손가락이 젖가슴을 스치면서부터 손가락 끝이 맞물리는 상태로 내려온다. 이때부터 손가락과 손바닥의 모든 부분이 전신의 몸에 닿는 상태로 내려온다.
○ 가슴을 스쳐서 윗배를 지나 배꼽을 거쳐 아랫배로 내려온다. 이와 같이 하는 동안 호흡은 자연스럽게 하고 의식은 손에 와 닿는 피부의 느낌에 둔다.
○ 왼손을 안으로 오른손을 밖으로 장심을 포개서 하복부(단전)에 대고 크게 심호흡을 3회 한다. 마지막 숨을 내쉬면서 서서히 눈을 뜬다.

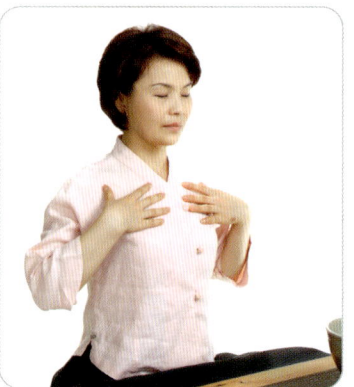

차훈득기 茶熏得氣

차(茶) 음료의 시작

차를 음료로 사용하기 시작한 이는 신농씨이다.
주공 단이 문헌에 기록함으로써 사람들이 차 마시는 문화를 알기 시작했다.

— 당나라 육우가 쓴 《단경》에서

飮茶之始

茶之爲飮, 發乎神農氏, 聞于魯周公.
— [唐] 陸羽《茶經》

술 대신 차(茶)를 마시다

오나라 군주인 손호는 매번 대신들과 함께 연회를 할 때 모두 다 술에 취할 때까지 마시도록 명령했다. 대신 중에 위소라는 사람은 주량이 작아서 함께 취하도록 마시기가 어려웠다. 이것을 안 손호는 남몰래 차를 위소에게 보내서 술 대신 마시도록 했다.

진나라 때에 세안이라는 장군이 있었는데 상사인 육납을 자주 예방했다. 그 때 마다 육납은 그 당시 풍속습관인 육주의 진미성찬을 마련하지 않고 단순히 다과를 준비해서 그를 접대했다.

— 송나라 왕당이 지은 《당어림》의 차역사자료 중에서
* 육우의 〈다경〉에서도 인용되어진 내용이다.

茶茗代酒

吳主孫皓每宴群臣, 皆令盡醉. 偉昭飮酒不多, 皓密賜茶茗以代飮酒.
晋時謝安詣陸納, 無所供辦, 設茶果而已.
— [宋] 王謹《唐語林》茶史料

II
도인호흡
導引呼吸

1. 직상도인 直上導引
2. 전진도인 前推導引
3. 후퇴도인 後推導引
4. 합상도인 合上導引
5. 직하도인 直下導引

□■■ 도인호흡 해설

도인(導引)은 도행(道行)이라고도 부르며 내공수련의 총체적 이름이기도 하다. 여기서 말하는 호흡은 토납(吐納)으로 새로운 공기를 들이마시고 몸안의 탁한 기운을 밖으로 내보내는 것을 의미한다.

몇천년 전부터 내려오는 도가와 도교의 경전에는 도인호흡에 대해 설명하고 있지 않은 곳이 없을 정도로 도인술은 중요시되고 있는 내용이다.

중국의학의 근본경전인 《황제내경》과 도가 신선사상의 주요경전인 《장자》에서도 도인호흡의 중요성을 강조하고 있다.

그 뿐만 아니라 근현대의 중국기공에도 도인호흡을 매우 중요시하고 있다.

히말라야 설산은 남으로 인도, 북으로 티베트에 흘러내리고 있다. 이곳에 모여 수행 수련하는 이들에게도 도인호흡은 생명의 본질을 일깨워 주고, 항시 건강한 심신을 유지하게 하는데 중요한 역할을 하는 수련법이다.

티베트밀교의 주요한 수행을 도인요가라고도 부르며, 도인요가의 주요 내용 또한 도인호흡과 밀접한 관계가 있다.

도인이란, 몸 밖의 신선한 공기와 몸 안의 탁해진 공기가 서로 만나 다시 생명에 이로운 에너지가 되게 하는 호흡법이다. 그렇기 때문에 어떠한 수행과 수련이라 할지라도 심신건강을 돕는 기공수련을 할 때는 반드시 해야만 하는 수련법이다. 단지 시대에 따라 지역에 따라 서로 명칭이 다를뿐 수련하는 총체적인 방법과 수련성취의 목적은 서로 같다.

차훈명상의 수련에서 밝히고 있는 도인호흡법은《황제내경》과《장자》의 도인토납사상을 바탕으로 수천년 동안 수련되어 내려오던 많은 동작들 중에서 현대인들의 건강을 돕는 가장 효과적인 수련방법으로 구성되어 있다.

　이 도인호흡법은 손 동작을 위와 아래, 앞과 뒤로 호흡에 맞춰서 전개하는 과정에서 온몸의 기혈이 풀리고 이완되는 독특한 효과가 있는 것이 특징이다.

도인호흡 준비자세

- 결가부좌나 반가부좌로 앉는다.
- 명상자세에서 왼손을 아래에 오른손을 위에 둔다.
- 손가락사이를 붙게하고 두 엄지손가락을 펴서 일직선이 되게하고 가볍게 맞닿게 한다.
- 허리를 펴고 귀선을 어깨선과 맞추고 온몸을 이완시키며 얼굴에 미소를 띤다.
- 숨을 크게 들이마시고 서서히 내쉬기를 3회 한다.
- 호흡이 불편할시는 입을 약간 벌리고 혀끝을 입천장에 붙이고 입과 코로 함께 숨을 내쉰다.
- 마지막 호흡에 숨을 내쉬면서 직상도인동작에 들어간다.
- 첫숨을 들이마시는 숨에 천천히 눈을 감는다.

1. 직상도인
直上導引

날숨 : 숨을 천천히 내쉬면서 왼손가락 끝과 오른손등이 스치면서 서서히 교차한다. 이때 엄지손가락은 서로 맞닿아 있는 상태이다. 손가락이 손등이나 손바닥을 벗어난 다음 두엄지는 떨어지고 왼손목의 안과 오른쪽 손의 밖이 서로 닿은 상태를 유지하면서 교차해 나간다. 교차한 팔목이 바닥과 수평을 이루고 두 팔목이 교차되어 X 모양 상태이다.

지식 : 숨을 멈춘상태로 교차한 두 손바닥을 몸쪽으로 향하도록 서서히 뒤집으면서 손이 턱높이까지 올라오면, 두 손바닥은 밖으로 향해있고 오른손의 엄지와 중지로 왼손팔목을 가볍게 잡으면서 위로 천천히 올린다. 두 손바닥이 앞쪽을 향하고 마지막 손등이 머리카락선에 닿았을때 두손바닥이 천정쪽으로 향해있다.

들숨 : 숨을 들이마시면서 배를 등쪽으로 끌어당겨올리고 항문을 수축한다. 이때 가슴은 움직이지 않는다. 두손바닥은 물체를 위로 밀어 올리듯이 팔을 펴면서 쭉 민다. 이때 두 팔꿈치는 곧게 펴져서 귀에 닿아있다.

도인호흡 導引呼吸

2. 전진도인
前推導引

지식 : 숨을 멈춘상태를 유지하면서 오른손의 엄지와 중지를 가볍게 놓는다. 이때 두손은 자연스럽게 떨어져서 밖으로 벌어진다.

날숨 : 숨을 서서히 내쉬면서 밖으로 벌어진 팔과 손바닥이 안쪽으로 향한다. 어깨선의 45° 앞에서 왼손이 안으로 들어오고 오른손이 밖에서 서서히 두손이 교차한다. 교차하며 두손이 얼굴앞에 왔을때 교차점이 눈높이에서 완성된다.

지식 : 두손을 서서히 돌려서 손바닥이 밖을 향하며 손의 교차점도 목높이로 내려온다. 두손바닥이 밖을 향해 돌면서 왼손의 엄지와 중지로 오른팔목을 가볍게 쥐면서 왼손 등이 흉문에 와 닿는다. 이때 두 팔은 수평을 이룬다. (흉문의 위치-가슴중앙의 위뼈와 아래뼈가 서로 만나는 볼록 튀어나온 지점)

들숨 : 숨을 크게 들이마시면서 배를 끌어올리고 항문을 조인다. 두손바닥으로 물체를 앞으로 밀어내듯이 팔을 펴서 쭉 민다. 이때 팔꿈치는 바르게 펴있고 팔은 수평을 이룬다.

도인호흡 導引呼吸

3. 후퇴도인
後推導引

지식 : 숨을 멈춤상태에서 엄지와 중지를 가볍게 놓는다.

날숨 : 숨을 서서히 내쉬면서 밖으로 향한 손바닥을 서서히 안으로 말아서 손바닥이 위를 향하도록 한다. 이때 팔은 어깨와 수평을 이루고 팔꿈치는 약간 굽혀진 상태이다.

지식 : 둥근공을 어루만지듯이 하여 양손가락이 5~10cm의 거리를 두고 새끼손가락부터 약지, 중지, 검지, 엄지순으로 만다. 손가락 끝은 아래로 향하고 두손의 간격이 가슴넓이이다. 손을 그대로 겨드랑이 밑선으로 끌어온다(젖가슴높이와 일치한다).

들숨 : 손이 겨드랑이 밑에 오면 허리를 끌어올리고 가슴을 앞으로 내민다. 손이 옆구리를 지날 때 팔목을 꺾어서 손바닥으로 물체를 뒤로 밀어내듯이 팔을 쭉 펴서 뒤로 민다. 이때에 두손의 간격은 수평을 이루고 펴진 손가락 끝은 아래로 향해있다.

도인호흡 導引呼吸

4. 합상도인
合上導引

지식 : 꺾인손목을 푼다.

날숨 : 등 뒤로 팔이 펴있는 상태에서 천천히 팔과 손을 돌려서 장심이 위를 향하게 한다. 이때에 팔은 양쪽 어깨선에 직선으로 펴있고 손목은 약간 아래에 놓인다.

지식 : 손을 약간 올린다.

들숨 : 숨을 들이마시며 배를 끌어당기고 항문을 조인다. 팔과 어깨를 들어올린다. 펴진 손바닥은 물건이 있어서 받쳐 올리듯이 팔을 올려서 두손바닥이 머리위에서 합장한다.
이때 팔꿈치는 곧게 펴있고 손은 귀선에 닿아있다.

도인호흡 導引呼吸

5. 직하도인
直下導引

지식 : 합장을 한채로 천천히 손을 내린다.

날숨 : 모아진 손이 머리 정수리를 지날때에 숨을 내쉰다. 합장한 손이 턱 앞에 왔을때 동작을 멈춘다.

지식 : 합장한 상태로 2~3초 호흡을 멈춘다.

들숨 : 합장한 손을 서서히 내리면서 두손의 엄지와 식지를 맞닿게 하고 다른 손가락을 펴서 삼각형을 만든다.

지식 : 배꼽앞에서 삼각형이 된 손의 엄지를 고정하고 식지손가락끼리 교차한다. 이때 엄지손가락이 배꼽에서 10cm정도 떨어져 있다. 오른손 식지가 왼손식지에 닿아서 왼손 밑으로 오른손이 들어가면서 손이 겹쳐져서 손바닥이 위로 향한다. 모아진 손을 발위에 놓는다. 두 엄지끝이 서로 가볍게 맞닿아서 처음 도인호흡의 직상도인전의 준비자세가 된다.

날숨 : 혀를 입천장에 붙이고 입술을 가볍게 벌려서 코와 입으로 숨을 내쉬면서 서서히 눈을 뜬다.

도인호흡 導引呼吸

심신건강을 돕는 차 茶

차를 오래도록 복용하면
몸에서는 힘이 샘솟고
마음에선 기쁨과 뜻이 나온다.

— 서한시대 저술인 《신농식경》에서
* 본 내용을 육우는 〈다경〉에서 인용하고 있다.

茶茗久服, 令人有力, 悅志.
— [西漢] 儒生托名神農氏所作 《神農食經》

Ⅲ
선녀보기
仙女補氣

1. 임맥호흡　任脉呼吸
2. 독맥호흡　督脉呼吸
3. 가슴보기　胸部補氣
4. 윗배보기　上腹補氣
5. 하복보기　下腹補氣
6. 허리보기　腰部補氣
7. 무릎보기　膝蓋補氣
8. 단전보기　丹田補氣
9. 선녀보기 마무리

■■■ 선녀보기 해설

　선녀보기는 먼저 임맥호흡과 독맥호흡으로 전신의 기혈을 통창시킨 다음 몸안의 중요한 부위에 장심의 기운을 넣어주는 기수련법이다. 이러한 수련법을 선녀보기라 하며 도가수련에서 가장 많이 사용하던 기수련법 중의 하나이다.

　임맥호흡과 독맥호흡을 합하여 선녀호흡이라하고, 가슴보기에서 단전보기까지를 장심보기라고 한다. 도가에서 기수련법으로 내려오던 선녀호흡과 장심보기를 합하여 차훈명상에서는 그 양생법을 선녀보기라 하였다. <u>선녀보기는 몸 안의 한기를 제거하고 막힌 기혈을 풀어서 전신의 기운을 원활하게 하는 양생법이다.</u>

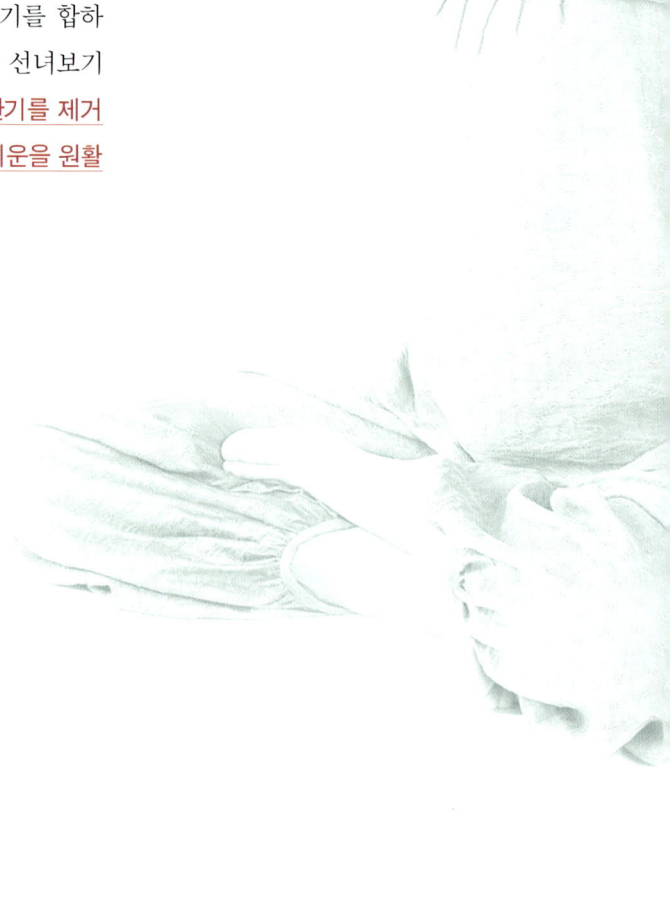

□■■ 보기와 보약

몸이 약해졌을 때에 영양제나 몸을 보양하는 한약을 복용하여서 건강을 회복한다. 어느 때 몸이 약해지는가? 전통의학에 의하면 음과 양의 조화가 깨트려졌을 때 몸이 허약해지기 시작한다.

허약한 증세를 몇 가지로 나눠 볼 수가 있는데 음과 양이 모두 약한 경우나 또는 음과 양이 모두 강한 경우, 음이 강하고 양이 약한 경우, 양이 강하고 음이 약한 경우, 또는 음은 정상인데 양이 강하거나 약한 경우, 또는 양은 정상인데 음이 약하거나 강한 경우이다.

이러한 몸 안에 음양의 불균형은 몸이 노화되는 원인일 뿐만 아니라 몸에 해로운 외부의 병균이 몸 안에 침투해서 병이 생기게 되는 원인이기도 하고, 섭취하는 음식을 제대로 소화시켜내지 못함으로 인해서 오장육부를 탁하게 만들기도 한다.

이러한 경우에 약이나 음식으로 건강회복을 도우면서 차훈명상의 선녀보기 수련을 함께 하여 빠른 건강회복을 하도록 한다.

정상적인 기순환을 돕는 운동을 하지 않고 영양제나 보약 또는 기름진 음식을 과다 섭취할 경우 혈과 기의 균형이 깨뜨려져서 쉽게 살이 불어나면서 몸을 둔화 시키는 부작용이 남을 수 있다. 보약이 몸의 혈을 주로 돕는다면, 보기수련은 몸의 기가 순조롭게 운용되도록 돕는다. 따라서 보기와 보약은 혈과 기를 통창시켜주는 서로 보완관계의 중요성을 지닌다.

1. 임맥호흡
任脉呼吸

○ 준비자세
- 다섯 손가락 끝을 모아서 원을 만든다.
- 손가락의 원을 어깨 뼈 위에 놓는다.
- 이때 두 팔이 어깨 넓이로 수평이 되게 한다.
- 눈을 감는다.

○ 들숨
- 상체의 어깨, 팔을 그대로 유지하면서 숨을 크게 빠르게 들이 마시면서 가슴을 부풀리고 아랫배를 위로 당겨 넣는다.
- 이때 양쪽 어깨가 귀 가까이 올라와 있다.

○ 지식
- 숨을 멈춘 상태에서 위로 올라와 있는 어깨를 유지하면서, 팔이 얼굴을 스치고 귀를 스쳐서, 팔꿈치를 뒤로 젖혀 넘겨서 포물선을 그리고 팔꿈치가 어깨선과 수평이 되게 한다.

○ 지식
- 숨을 서서히 내쉬면서 양쪽으로 벌려진 팔꿈치를 모아서 처음 동작으로 되돌아온다.
- 이때 돌아오면서 눈을 서서히 뜬다. (3~8회)

□■■ 임맥이란?

나무의 생명에너지는 땅속에 묻혀있는 뿌리에서 비롯된다. 나무는 몸통을 통해서 많은 가지들이 형성된다. 태양에서 나오는 빛, 하늘에서 내리는 비, 공기 중에 포함되어 있는 영양분이 잎을 통해서 나무의 건강을 돕는다. 이렇듯 나뭇잎에서 뿌리까지 모든 부분이 한 그루 나무의 생명을 유지하는데 모두 관계성을 지닌다.

사람 또한 마찬가지로 머리끝에서 발끝까지 건강을 돕지 않는 요소가 하나도 없다.

그러나 한 생명체의 가장 중심의 에너지가 되어주는 기운이 정상적으로 작용할 때 활기 있고 건강한 몸을 유지할 수가 있다.

사람의 중심 에너지는 과연 무엇인가?

동양과 서양의 주장이 같지 않고, 같은 동양에서도 중국과 인도의 이론이 서로 다른 바가 있으며 중국 양생문화와 함께 하여온 우리나라 또한 독창적인 주장을 펴고 있다.

차훈명상의 발원지인 중국 전통 양생학에서는 신체의 몸통과 머리로 구성되어 있는 임독맥의 타원구조와 동그라미는 앞몸 쪽을 임맥이라 하고 뒷몸에 형성되어있는 기운을 독맥이라 한다.

배가 차갑거나 가슴이 답답하거나 눈이 충혈되거나 얼굴이 붉어지거나 호흡이 답답하거나 하는 현상은 임맥의 기운이 정상적으로 움직이고 있지 않은 데서 일어나는 생리적인 반응이다. 더 나아가서는 위가 쓰리거나 아랫배가 아픈 통증이나 이가 아픈 현상은 임맥의 움직임이 원활하지 않은 데서 비롯된다.

선녀보기 수련에서 먼저 임맥호흡으로 임맥의 기운을 정상화하여 줌으로써 임맥의 움직임을 원활하게 하는데 보기수련이 큰 도움을 준다.

2. 독맥호흡
督脉呼吸

○ **준비자세**
- 임맥호흡의 준비자세와 같다.

○ **들숨**
- 팔꿈치를 밖으로 약간 벌리면서 눈을 감기 시작한다. 동시에 머리를 조금 숙이고 등을 뒤로 밀면서 아랫배를 당기며 숨을 크게 들이 마신다.

○ 지식
- 숨을 멈춘 상태로 올라와 있는 어깨를 유지하면서, 팔꿈치를 뒤로 젖히며 포물선을 그려서 팔이 귀를 스치면서 내려와 팔꿈치가 어깨와 수평이 되게 한다.

○ 날숨
- 어깨와 팔 자세를 그대로 유지한 상태에서 숨을 내쉬면서 눈을 뜨고 정면을 본다. 머리를 들면서 서서히 처음 자세로 되돌아 온다. (3~8회)

□■■ 독맥이란?

　전통 단수련학에서 단전의 기운이 임맥으로 올라와 독맥으로 내려가는 반복되는 기운용으로 금단이 형성되어 무병장수하게 된다.

　이러한 단수련은 그 중심점이 명문을 끼고 있는 독맥으로 형성되어 있다.

　그 까닭은 대뇌에서 연결되어 온몸으로 퍼지는 모든 신경조직이 척추 마디마디 사이를 통해서 전달되기 때문이다. 독맥의 정상적인 활동은 척추기능을 건강하게 하고 건강한 척추에서 움직이는 신경에너지는 온몸의 기운을 생동감 있게 한다.

　단수련의 궁극목적이 정(精)과 기(氣)의 정화를 통해서 마지막으로 대뇌와 연관되어 있는 신(神 마음)의 해탈에 있기 때문에 모든 기수련에 있어서 독맥은 제일 중요한 위치에 있다.

　전문수련을 떠나서 단순한 양생을 위한 중·노년의 수련자에게도 명문으로 이어지는 신장기능을 정상화 시켜주는 독맥의 수련은 중요하다.

　선녀보기에서 먼저 임맥호흡과 독맥호흡을 수련하고 그 다음 보기수련을 함으로써 더 좋은 양생효과를 얻을 수 있다.

3. 가슴보기
胸部補氣

- 독맥호흡을 마친 자세에서 손가락 끝이 쇄골을 쓰다듬으며 가슴 중앙으로 모아 왼손의 장심을 흉문에 놓고 오른손의 장심을 그 위에 놓는다. 이 때에 두 엄지 손가락 끝이 서로 맞닿게 하고 팔꿈치를 들어 겨드랑이가 뜨게 한다.
- 이 동작에서 다음과 같이 생각한다 : 장심으로 들어오는 우주의 기운이 폐, 심장, 간 등의 기능을 활성화 시킨다고 의식을 모은다. (10초~1분간)

□■■ 가슴보기의 효과

두 손을 윗가슴에 모아 장심에서 나오는 기운을 기관지, 폐, 심장, 간 등의 가슴부위 장부에 쐬어 줌으로써 그 범위에 포함되어진 장부의 기능들을 활성화 시켜준다.

"마음이 가는 곳에 기가 따라가고 기가 움직이는 곳에 혈이 따라간다."
이 말은 전통양생학에서 가장 중요시 하는 이론 중에 하나이다.

장심에서 나오는 기운 또한 바로 마음의식에서 비롯된 것이며 그 기운에 의해서 심장, 폐, 간과 연관되어 있는 동맥과 정맥의 혈의 움직임을 도와 전신의 순환작용 뿐만 아니라 맑은 정신을 유지하는데 큰 도움이 된다.

도시에 사는 현대인들은 생활환경에서 발생되는 탁한 공기 등의 오염을 피할 수 없다. 이러한 몸에 해로운 오염된 환경 속에서 살아 가야만 하는 우리들에게 가슴보기의 양생수련은 우리의 건강을 지키는데 큰 역할을 하게 된다.

4. 윗배보기
上腹補氣

- 모아진 손을 그대로 유지하면서 젖가슴을 거쳐서 두 엄지손가락이 명치에 닿는다.
- 이때 두 손이 서로 일직선이 되게 한다.
- 10초~1분 유지한다.
- 이 상태에서 다음과 같이 생각한다 : 장심을 통한 기운이 횡경막의 기능을 원활하게 하여 위장·소장·대장·소화기 기능이 활성화 된다고 의식을 모은다. (10초~1분간)

▣■◾ 윗배보기의 효과

　윗배보기의 수련에서 가져다 주는 가장 큰 효과는 명치의 기운을 원활하게 하여 위장을 튼튼하게 해주는데 있다.
　만약에 명치 부위의 기운이 정상적으로 소통하지 못하면 그로 인해서 위는 냉해지고 아랫배는 차가워지는 무력한 몸으로 변해간다. 명치의 기운이 통창하지 않는 상태에서는 깊은 명상에 들 수가 없고 큰 공력이 나올 수가 없다. 바로 몸의 위와 아래를 차단하고 있는 것과 같은 것이다.

　심장의 열기운이 아래로 내려와 신장에서 나오는 물기운과 만나 만들어지는 따뜻한 에너지에 의해서 신체의 정상적인 열량이 유지된다. 명치의 막힘은 이러한 정상적인 기능을 방해해서 심장의 열이 바로 위로 올라가 머리에 열이나고 아프며 코 막힘의 현상이 일어난다. 신장의 물기운이 심장에서 나오는 열기운과 만나지 못함으로 인해서 여자인 경우 냉대하증, 남자인 경우 유정 등의 증세가 나타나게 된다.

　윗배보기의 수련으로 명치의 기운이 정상적으로 소통되어 소화기 계통의 공능이 원활해지고 단전의 기운이 왕성해진다.

5. 하복보기
下腹補氣

- 엄지손가락이 맞닿은 상태로 아랫배로 내려온다.
- 두 손이 벌어지기 시작하여 두 손의 엄지와 식지로 역 삼각형의 모양을 만든다.
- 삼각형의 가운데 배꼽이 놓이게 한다.
- 이때 손바닥이 모두 배를 감싸고 팔꿈치는 앞으로 내밀어 겨드랑이가 뜨게 한다.
  (10초~1분 동안 유지.)
- 이 상태에서 다음과 같이 생각한다 : 손가락 가운데에 형성된 역삼각형 속의 배꼽으로 우주의 기운이 몸 안으로 들어와 원기를 돕는다고 의식을 모은다. (10초~1분간)

■■ 하복보기의 효과

아랫배는 단전이 있는 곳이다.

전통양생학에서는 몸 안의 단전을 크게 3군데로 나눈다. 두 눈썹 사이의 아미 윗지점을 상단전이라 하고, 두 젖꼭지 사이를 중단전이라 하며 아랫배 부위를 하단전이라고 한다.

일반적으로 단전이라 할때는 아랫배에 위치한 하단전을 말한다.

그 만큼 양생수련에 있어서 하복부는 중요한 부위이다. 하복부에서는 생명체를 유지하는 에너지가 만들어져 나온다.

하복보기수련은 몸의 에너지 중심부위인 하단전의 기운형성을 도와줌으로써 전신의 기운이 왕성하고 건강한 신체를 유지하는데 도움을 준다.

단전이란 단(丹)이 만들어지는 장소를 뜻한다. 밭에 씨앗을 뿌리면 시간이 흘러 싹이 트듯이 그와 같은 뜻으로 전(田)자를 써서 단이 만들어져 나오는 곳으로 표현한 것이다.

단전이라는 장소는 어느 한 지점일 수도 있고 큰 범위의 부위일 수도 있다. 배꼽아래 세치 안쪽을 단전이라고 할 때는 작은 의미의 단전을 뜻하고 하복부가 하단전이라고 할 때는 큰 의미의 단전을 뜻한다.

선녀보기 仙女補氣

6. 허리보기
腰部補氣

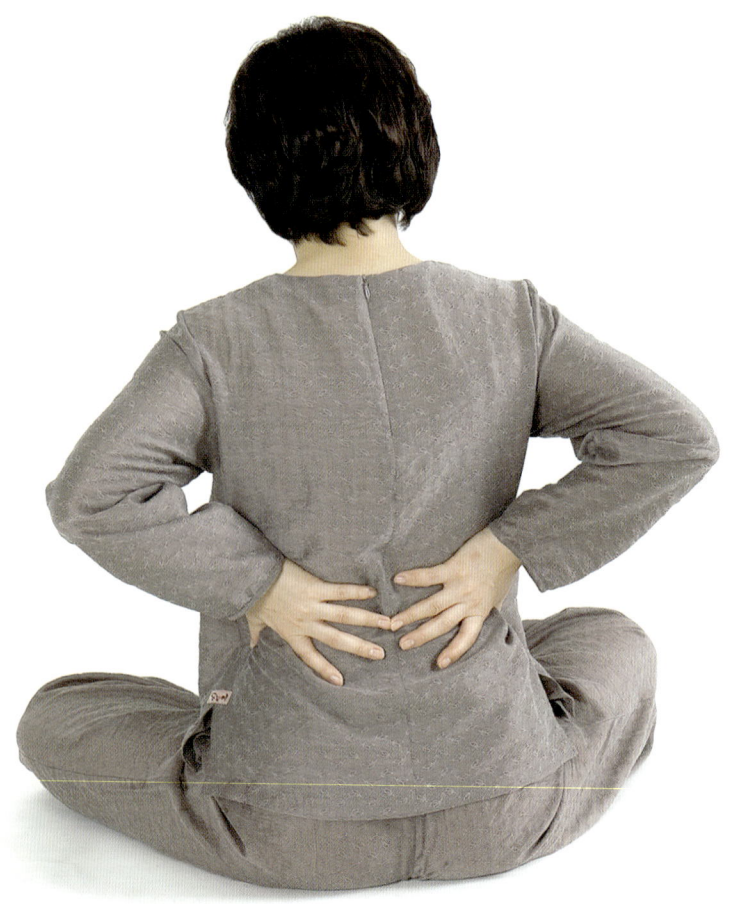

- 손바닥이 배를 스쳐서 팔목을 허리선에 놓는다.
- 팔목을 축으로 해서 손가락을 아랫방향으로 돌려서 두 무명지 끝이 등에 닿게 한다.
- 이때 고개는 약간 앞으로 숙이고 허리는 뒤로 뺀다. (10초~1분 유지)
- 이 상태에서 다음과 같이 생각한다 : 명문혈을 통해서 우주의 기운이 들어와 신장을 활성화 시킨다고 의식을 모은다. (10초~1분간)

□■■ 허리보기의 효과

　사람의 행복은 크게 두 가지로 나뉜다.
　마음에서 나오는 행복과 몸에서 비롯된 행복이다. 이것을 서양의학에서는 생리반응과 심리반응으로 구분하고 있다.
　물론 심리현상과 생리현상은 따로 구분해서 이야기 할 수가 없다. 왜냐하면 마음의 작용 없이 몸에 일어나는 현상을 인식할 수 없고 설사 의식이 독립적으로 무엇인가의 이상세계를 꿈꾸고 있다 하더라도 그것은 몸이 호흡을 하고 있는 생명의 존재로 유지되고 있는 상황에서 가능하다.

　이러한 생리와 심리의 서로 떨어질 수가 없는 불가분의 관계성은 서양학문에서도 거론하고 있지만 동양학문에서는 이 둘의 불가분의 중요성을 훨씬 강조하고 있다.
　그래서 신체적 힘의 뒷받침없이 오는 정신의 즐거움이란 존재할 수가 없는 것이다.
　다시 말하면 나약한 몸에서 나오는 마음의 즐거움 또한 작은 것일 수 밖에 없다.

　몸에 형성되어 있는 힘에너지의 중심점을 전통양생학에서는 상단, 중단, 하단이라 한다. 상단의 건강은 지식과 지혜로부터 오는 즐거움에 도움을 주고, 중단의 건강은 사랑과 우정 그리고 자비와 복지 등의 즐거움에 도움을 주고, 하단의 건강은 운동으로부터 오는 즐거움에 도움을 준다.
　허리 보기의 수련은 바로 하단 운동의 힘을 축적하는데 큰 효과가 있다.

7. 무릎보기
膝蓋補氣

- 두 무명지 끝이 닿아있는 상태를 유지하며 무명지가 모아진 상태에서 꼬리 뼈에 닿는다.
- 양쪽 손으로 엉덩이를 쓸어서 옆 허벅지를 거쳐 무릎에 놓는다.
- 이 상태에서 다음과 같이 생각한다 : 10초~1분 장심의 열 기운이 무릎의 한기를 녹아 없앤다고 의식을 모은다

▢■■ 무릎보기의 효과

일반적으로 사람은 20세까지 신체적으로나 정신적으로 성숙과정을 거치고, 20~40세까지 이미 몸 안에 형성되어있는 기운의 활용을 통해서 인생의 고락을 즐기며, 40세 이후부터는 신체기능의 쇠락으로 인해 몸이 생각처럼 움직여 지지 않는 불편함을 겪기 시작한다.

몸의 노화현상은 전신에서 일어난다. 나이가 든 나무를 고목이라 한다. 고목은 겉으로는 튼튼하고 커다란 나무처럼 보이지만, 그 속을 들여다 보면 텅 비어 있다. 고목처럼 사람 또한 겉으로 보기에 피부관리, 화장, 옷 치장 등으로 인해 건강하고 젊어 보이지만 사실 내부의 오장 육부는 이미 하나하나씩 그 기능이 저하 되어가고 있다.

이러한 노화현상을 어떻게 하면 늦출 수 있는가에 대해 수명이 길어진 현대인들은 많은 관심을 갖고 있으며 어떤 이들은 심지어 노년의 나이에도 30대의 건강한 힘을 갖는 체력을 유지할 수 있게 하는데 의식을 집중한다.

이것은 과연 가능한가?

수 천년 전의 성인의 말씀이나 《황제내경》이나 전통의학에서 보면 사실 백세가 넘어서도 낮에는 왕성한 사회생활의 즐거움을 맛보고, 밤에는 화기애애한 잠자리를 하면서 건강한 생활을 유지하였다.

이것은 자연의 섭리에 맞게 생활하면 가능하다. 이러한 섭리를 옛 성인들은 "온 곳으로 되돌아가라." 말씀하셨으며, 그것을 양생의 입장에서 보면 약해진 부위를 다시 건강하게 하여 준다는 의미이다.

사람이 태어나서 가장 먼저 건강운동을 시작하는 부위가 다리이며 그 중에서도 무릎이 중심점이 된다. 그 힘이 점점 축적되면서 일어서게 되고 한 걸음씩 나아가게 되며, 걸어 다니는 모습이 자연스럽고 마음껏 뛰어다녀도 부자연스러움이 없는 그러한 모습을 양생학에서는 원기의 힘이 갖추어진 상태라고 표현한다.

중·노년의 무병장수의 비결은 바로 여기에 있다. 무릎건강을 지키는 것이다. 무릎을 젊은 시절의 건강한 상태로 유지시켜줌으로써, 땅속에서 나오는 기운이 발바닥을 통해서 무릎을 거치고 허리에 이르러 몸 에너지로 만들어진다.

무릎이 약하면 이러한 땅의 기운을 몸의 에너지로 받아들이는데 방해를 받게 되어 정상적인 건강을 유지하기가 어렵다. 무릎보기의 수련은 중·노년의 무릎건강을 돕는데 큰 효과가 있다.

8. 단전보기
丹田補氣

- 손바닥이 종아리를 어루만지면서 안으로 모아 왼손이 안으로 오른손이 위로 가게 겹쳐서 단전에 모은다.
- 이 상태에서 다음과 같이 생각한다 : 온몸의 흩어져 있는 기운이 단전의 원기로 인해서 정화된다고 의식을 모은다. (1~3분간)

□■■ 단전보기의 효과

두 손을 포개서 장심부위를 아랫배 중앙위치에 둔다. 그리고 의식은 장심이 닿아있는 하복부 주위를 느끼면서 크게 들이 마시는 숨의 기운이 명치를 지나 하복부에 이르러 장심에 와 닿는 기운을 느낀다. 이와 같은 전신호흡을 통해서 하단전의 기운을 도울 뿐만 아니라 선녀보기수련을 하는 동안 축적 되어진 각 부위의 기운을 서로 조화롭게 조절하여 준다.

기공수련이 심신건강에 큰 효과를 주듯 또 한편으로는 잘못된 과다한 한 부위의 집중수련으로 인해 부작용을 일으킬 수도 있다.
전문수련자의 경우는 각 부위의 수련만으로도 전신기혈의 조화로움을 함께 유지할 수 있지만 일반 수련자인 경우 어느 한 부위에 기운이 체증 되어지는 경우가 있다.
그것은 대부분 그 부위가 정상이 아닐 때 일어나기가 쉽다. 기수련으로 막힌 기혈을 풀어주는 과정에서 그 부위에 불필요한 의식집중으로 인해 기혈 막힘 현상이 일어날 수도 있다.

이러한 체증된 기운 해소를 돕는 단전보기는 기공수련에 있어서 반드시 필요한 공법이다.

9. 선녀보기 마무리

• 심호흡을 크게 3회 한다. 마지막 호흡에 눈을 뜬다.

■■■ 선녀의 마음

아름다운 여인을 이상적으로 표현할 때, 신선도에서는 선녀라 하고 불교에서는 천녀라하며 태극권에서는 옥녀라 한다.

선녀, 천녀, 옥녀는 모두 여성의 제일 아름다움을 표현하고 있지만 상징하는 바는 서로 다르다.

불교에서 말하는 천녀란 가장 아름다운 모습의 그 내면에 담겨있는 깨달음의 뿌리인 불성을 상징한다.

다시 말하면 외형의 아름다움을 방편삼아 자신 내면의 본성을 일깨어주는 것으로 사실 외형의 아름다운 모습과는 직접적인 연관성이 없다. 어떤 의미에서는 아름다운 것이라는 것은 거짓된 것으로 무상이라고 표현한다. 태극권에서 옥녀라 표현한 것은 외형적으로 갖추고 있는 아름다움을 통해서 몸 안에 형성하고 있는 근육의 기운 나아가서는 임독맥의 힘을 상징하고 있다.

이것은 불교에서 신체의 허무성을 강조한데 비해 태극권에서는 신체의 외형뿐만 아니라 그 내면의 오장육부의 근골등 모든 부위와 근육을 실존하는 현실본체로써 중요시하고 있다. 신선도는 우리가 알고 있는 기공수련의 종합적인 명칭이라고 할 수가 있다. 또한 도교의 별칭이기도 하다.

신선도에서 말하는 선녀란 태극권의 옥녀와 불교의 천녀를 융합한 모습으로 실존하는 아름다운 몸과 우주의 근본인 도의 성품의 자성을 함께 갖추고 있는 것을 상징한다. 그래서 임·독맥이 원활하여 나이가 들어도 청춘의 아름다운 몸매와 생기를 유지하고 마음은 온 천하를 덮는 깨달음의 지혜로 가득하여 넓은 허공을 집으로 삼아 푸른초원 위에 노닐고 깊은 산자락에 구름과 벗삼아 흐르는 물에 소매를 적시는 생활을 즉 이상의 세계와 현실 세계의 아름다움을 결합한 삶의 성취를 의미한다.

이러한 선녀에게 늙음이란 아쉬움이 어찌 있을 것이며, 죽음이라는 두려움이 어찌 존재하겠는가?

이와 같은 선녀의 마음으로 보기(기운을 도와주는)수련을 하였을 때 우리는 선녀의 마음 속에서 선녀의 행복을 함께하는 나날의 삶이 될 것이다.

차_茶 마시는 노래

첫잔의 차로 잠뿌리 씻어내니
맑고 밝은 기운 천지에 가득하네
둘째 잔의 차로 정신을 맑히니
내리는 빗줄기에 온갖 티끌이 씻기는 듯
셋째 잔의 차로 깨달음을 얻으니
어찌해 애써 번뇌를 없애려 하리

— 당나라 교연선사의 시

飮茶歌

一飮滌昏寐, 情來朗爽滿天地.
再飮淸我神, 忽如飛雨灑輕塵.
三飮便得道, 何須苦心破煩惱.

— [唐] 皎然 〈飮茶歌〉中

IV

정좌명상
靜坐冥想

1. 자세조정 調整姿勢
2. 합장기도 合掌祈禱
3. 부위관상 觀想部位
4. 천인합일 天人合一

□■■ 정좌명상 해설

　수천년전부터 중국과 인도에서는 몸으로부터 제약받고 있는 한계성을 초월해서 우주의 이치를 깨달아 무한히 광대한 마음의 세계를 열고 특정한 기수련을 통해서 장생불사를 성취하는데 정좌명상은 가장 중요한 수련법으로 전해지고 있다.

　누구라도 일상생활에서 조용한 장소를 찾아 단 3분간의 정좌명상만으로도 자신의 내면의 세계를 평온하게 할 수 있다. 이러한 수행을 통해서 오장육부가 건강해지고 생기를 얻어 피부는 맑고 몸매는 아름다워진다.

　정좌명상은 수천년 동안 전해오면서 수백가지의 다양한 방법들이 생겨났다. 그 중에서 현대인들이 가장 쉽게 건강과 명상의 효과를 얻을 수 있는 차훈명상법으로 새롭게 체계화 하였다.

　정좌명상은 먼저 자세를 조정한 다음 합장을 하고 마음을 고요히 한다. 그런 다음 몸안의 중요한 부위에 장심의 기운을 보내 관상을 하며 마지막으로 나와 우주가 하나가 되는 천인합일의 경지에 이르게 하는 수련법이다.

□■■ 고요함

   고요함을 구하는 것은 양생과 수도에 있어서 필연적인 것이며, 또한 가장 기본적인 방법이기도 한다.

   건강장수와 장생불사라는 양생의 입장에서 말하자면「고요함」이란 모든 생명이 내재하고 있는 공능의 원천이며, 어떠한 동물 식물 광물도 모두 고요함 속에서 그 생명이 성장하며 고요함 속에서 생명이 존재하는데 필요한 공능을 충족하게 된다.

— 양생학의 대가이신 남회근선생님의《정좌수도와 장생불로》의 글 중에서

靜

   求靜, 那是養生與修道的必然方法, 也可以說是基本的方法. 在養生(包括要求健康長壽 —— 長生不死) 方面來說：一切生命功能的泉源, 都從「靜」中生長, 那是自然的功用. 在自然界中, 任何動物、植物、鑛物的成長, 都從「靜」態中充沛他生命的功能.

養生至人南公懷瑾先生《靜坐修道與長生不老》一書中

정좌명상 靜坐冥想

1. 자세조정
調整姿勢

- 발은 결가부좌나 반가부좌나 금강좌로 앉는다.
- 먼저 엉덩이 밑에 허리가 바르게 펴지도록 받침대를 넣는다. (받침대로는 방석이나 수건을 접어서 쓰는 것이 가장 무난하다)
- 턱을 목 쪽으로 당기고 귀와 어깨선이 일직선이 되도록 한다.
- 코 끝과 배꼽이 수직이 되도록 한다. (일반적인 몸매)
- 꼬리뼈와 머리 뒷통수가 일직선이 되게 한다.

정좌명상 靜坐冥想

2. 합장기도
合掌祈禱

    무엇인가 간절한 바램이 있을 때 두 손을 모아 가슴에 대고 코 끝에 모아진 손가락 사이에서 나오는 기운과 함께 호흡하고 있으면, 바램의 희망은 더 깊어지고 가슴은 온 대지와 우주를 포용하는 커다란 모습으로 바뀐다.
    가슴속에 바램을 일으키는 자가 존재하고 그 바램을 성취시켜주는 절대자가 존재하며, 수행자와 절대자의 사이에 오고 가는 성취의 힘은 모두 가슴속에서 일어난다.
    내 가슴이 간절한 바램을 성취하고자 하는 기도의 출발점이며, 또한 성취 되어지는 목적의 결과이기도 하다.

    이러한 가슴의 기운 없이는 종교에서 말하는 신앙의 구원이나 성취는 이뤄지기가 쉽지 않다. 왜냐하면 종교신앙의 첫째 조건이 절대적인 믿음이기 때문이다.
    절대적인 믿음이란 모든 것을 다 포용할 수 있는 정신의식에서 나오는 것이며, 이러한 열정적인 마음은 바로 가슴에서 피어난다.
    이러한 마음이 나올 수 있도록 도와주는 가장 큰 신체의 자세가 합장이다.
    두 손이 모아져서 그 사이에서 형성되는 기운은 마음의 가장 순수한 믿음의 상태로 가도록 도와주게 된다.

    차훈명상에서 고요히 앉아 명상을 시작하는데, 먼저 마음과 몸이 순수한 · 깨끗한 · 맑은 · 청정한 상태로 갈수 있게 하기 위하여 먼저 합장기도수련을 한다.

○ 자세설명
- 두 손을 모아 합장한다.
- 손가락 끝을 붙이고 팔꿈치를 들어서 겨드랑이를 뗀다.
- 중지를 지긋이 바라본다. 3~8초 동안.
- 눈을 지그시 감으면서 의식을 가슴에 둔다.

○ 기도
- 신앙자는 자기 종교에 대한 기도를 한다. (30초~1분)
- 무신앙자인 경우는 자아의 위대함을 일깨운다. (30초~1분)
- 다음과 같이 마음속으로 염송한다.

  마음에 따라 기는 움직이고 기의 작용에 의해서 몸 안의 모든 기능이 움직인다. 마음과 기와 몸은 내 생명체가 존재하는 세 가지 보배스러운 요소이다. 이 세 가지의 건강함을 바탕으로 행복한 삶이 실현된다. (1~3회 반복)

- 크게 숨을 들이마시고 내쉬면서 천천히 눈을 뜬다.

3. 부위관상
觀想部位

관상은 직관과 사상을 결합한 뜻으로 직관은 있는 사물을 진실 그대로 바라보는 것을 의미하고 사상은 우주론, 인식론 범위를 의미한다. 이것을 다시 종합해서 말하면 우주가 지니고 있는 사물의 이치 그 자체를 판단하는데 직관적인 방법을 택하는 것을 의미한다.

그래서 직관이란 구체적인 실천방법 중에 하나이며 부위관상에서는 몸의 각 부위를 있는 그대로 바라보면 그 바라보는 의식 안에는 신체 부위에서 일어나는 모공 하나하나의 세포부분의 움직임까지도 알아차릴 수 있는 인식 능력을 포함하고 있다. 우리가 평소 생활 속에서 바쁘게 살아가는 사람일수록 의식이 분열되어 있어서 어느 한 곳에 집중하기가 어렵다. 마음이란 의식이 나오는 원천으로서 한 마음속에서 1초 사이에도 작게는 몇 가지 크게는 수천가지의 각기 다른 분별의식이 일어난다.

건강한 마음이란 뚜렷한 사물에 대한 판단능력을 지니고 있으면서 어느 때는 동시에 여러 가지를 인식할 수가 있어야 한다. 예를 든다면 횡단보도를 건너면서 신호등을 분별하고 주위의 오가는 사람들을 피해서 좌우에서 오는 차량을 인식하고 한편으로는 음악을 들으면서 전화도 하고 맞은편에서 손짓하는 친구의 모습을 보면서도 의식작용이 전혀 복잡하다는 생각이 일어나지 않는다.

또 어느 때는 무엇인가 중요한 일을 결정하기 위해 의식을 집중했을 때 주변의 시끄러운 소리도 들리지 않고 오가는 차량의 불빛도 눈에 거슬리지 않고 스쳐가는 바람이 몸에 닿는 느낌에도 반응하지 않은 채 그 한가지 일에 몰입하게 된다.

만약에 일념 해야 될 때에 주변의 현상이 그 의식을 방해한다는 것을 인식하게 되고 동시에 여러 가지를 함께해야 할 때에 그것이 머리를 복잡하게 하는 것으로 인식 되어지면 그것은 건강한 마음이라 할 수가 없다. 모든 움직임은 고요함에서 나오듯이 어느 한 곳에 집중할 수 있는 의식이 가능한 마음에서 동시에 많은 것을 함께 할 수 있는 의식 또한 깨어 있게 된다.

정좌명상의 부위관상수련은 그 부위의 건강을 도울 뿐만 아니라 이러한 마음의식까지도 맑게 하는데 큰 도움이 된다.

머리관상

○ 자세설명
- 먼저 양손을 비벼서 열을 낸다.
- 두 손을 뒷머리 부위에서 10~30cm를 떼어서 장심이 뒷머리를 향하도록 한다.
- 눈을 지그시 감으면서 의식을 머리에 둔다.

○ 관상설명
- 머릿속이 흰구름이 떠있는 허공이라고 상상한다. 점점 하얀 구름이 사라지고 맑은 하늘처럼 텅 빈 모습이 된다. 만약에 관상 중에 맑은 하늘에 하얀 구름이 떠오르지 않고 검거나 다른 색상으로 그려질 경우에는 머릿속을 의식하는 관상을 중단하고 손바닥에 열기가 머리로 전달되어서 느껴지는 감각을 의식한다. (30초~1분)

○ 마침설명
- 손을 자연스럽게 내려서 허벅지위에 가볍게 놓는다.
- 그리고 숨을 크게 가슴으로 들이마셔서 3초간 지식 한 다음 숨을 서서히 내쉬면서 눈을 지그시 뜬다.

얼굴관상

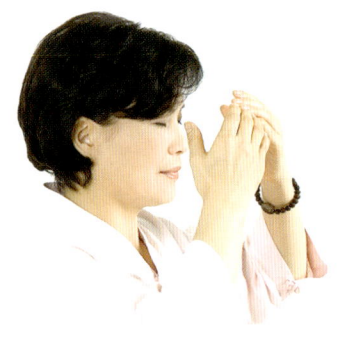

○ 자세설명
- 두 손바닥을 비벼서 손바닥이 얼굴 전체를 감싸듯 한다.
- 손을 얼굴에서 10~30cm 뗀다.
- 눈을 지긋이 감으면서 의식을 얼굴전체에 둔다.

○ 관상설명
- 입술을 중심으로 원이 그려지고 점점 퍼져서 볼 부위까지 장심의 열기를 느낀다.
- 이때 가려움이나 당김, 전류반응이 나타나는 수도 있다. 그러한 현상에 의식이 따라가지 말고 입주변의 아래로는 턱, 위로는 코 옆으로는 볼 전체를 느낀다. (약 20초~1분)
- 두 손의 기운을 눈 부위로 모아서 눈을 중심으로 원이 그려지면서 위로는 머리카락 아래로는 코끝 옆으로는 관자놀이까지 반응을 느낀다. (30초~1분)
- 두 손의 기운을 귀 부위로 모은 다음 귀에 와 닿는 손의 열기를 느낀다. (30초~1분)

○ 마침설명
- 머리관상 내용과 같음

○ 자세설명
- 양손바닥을 비벼서 열을 낸다
- 두손의 새끼손가락끼리 붙여서 눈앞에 둔다
- 10~30cm를 떼어서 장심이 눈을 향하도록 한다.
- 눈을 지그시 감으면서 의식을 눈에 둔다.

○ 관상설명
- 장심에서 나오는 기운이 눈을 향해서 들어오는 모습을 관상한다. 이때 장심에서 나오는 기운이 빛으로 느껴져서 그 빛의 색이 하얗거나 노랗거나 푸르거나 그럴때는 그대로 그 빛을 받아들여서 눈부위가 상쾌해지고 깨끗해지고 맑아지는 느낌을 관상한다. 그런데 빛의 색깔이 검거나 회색이거나 밤색 등 탁하다고 느껴질 경우에는 빛의 관상을 하지 않는다. 그래도 그 빛이 존재할 경우에 눈관상을 마무리 한다. (30초~1분)

○ 마침설명
- 앞의 관상설명과 같음

귀관상

○ 자세설명
- 손바닥을 비벼서 열을 낸다
- 두 손을 귀에서 10~30cm를 떼고 장심이 귀에 향하도록 한다.
- 눈을 지긋이 감으면서 의식을 귀에 둔다.

○ 관상설명
- 장심에서 나온 열기가 귀에 와 닿는 것을 느낀다. 이때 그 열기는 점점 강해지고 귀의 표면에서부터 들어와서 귀안의 전체부분이 맑아지고 깨끗해져서 주변에서 들려오는 모든 소리가 청량한 물방울이 떨어지는 소리처럼 맑게 들리는 것을 관상한다. 만약에 귀관상 중에 주변의 소리가 시끄럽게 느껴지거나 또는 그러한 소리로 인해 의식이 산만해질 경우에는 귀관상을 마무리 한다. (30초~1분)

○ 마침설명
- 앞의 관상내용과 같음

✲ 다리관상

○ 자세설명
- 손바닥을 비벼서 무릎위로 10~30cm높게 손을 올린다.
- 팔꿈치를 들어서 겨드랑이가 뜨게 한다.
- 눈을 지그시 감으면서 의식을 무릎에 둔다.

○ 관상설명
- 장심의 열기가 무릎의 피부에 와 닿고 그 열기가 다시 살로 들어와서 관절과 뼈에 까지 사무쳐서 무릎 안에 남아있는 한습이 모두 제거되는 것을 느낀다. (30초~1분)

○ 마침설명
- 앞의 관상설명과 같음

가슴관상

○ 자세설명
- 손바닥을 비벼서 장심이 젖가슴 윗 부분에서 10~30cm떼어 손을 올려놓는다.
- 눈을 지그시 감으면서 의식을 가슴에 둔다.

○ 관상설명
- 장심으로부터 나오는 기운이 가슴에 와 닿으면서 가슴이 시원해진다고 느낀다. 그 시원한 기운에 의해서 가슴이 확 뚫리고 가슴에 탄력감이 생긴다고 느낀다. (30초~1분)

○ 마침설명
- 앞의 관상설명과 같음

✵ 복부관상

○ **자세설명**
- 열을 낸 두 손바닥을 복부에 둔다.
- 복부에서 10~30cm 떼어서 장심이 복부를 향하게 한다.
- 눈을 지그시 감고 복부를 관상한다.

○ **관상설명**
- 장심에서 나오는 기운이 복부에 와 닿으면서 배안이 따뜻해진다고 느낀다. 그 따뜻한 기운에 의해서 위장의 기능이 활성화되고 소화기 계통의 염증이 사라진다고 느낀다. 만약에 장심에서 나오는 기운이 차갑게 느껴질 경우에는 복부관상을 마무리 한다. (30초~1분)

○ **마침설명**
- 앞의 관상설명과 같음

척추관상

○ 자세설명
- 손바닥을 비벼서 손바닥이 등을 향하도록 놓는다. 이때 엄지손가락이 허리에 닿지 않게 하고 10~30cm 뗀다.
- 눈을 지그시 감으면서 의식을 척추에 둔다.

○ 관상설명
- 손에서 나오는 열기운에 의해서 척추를 중심으로 어깨까지 굳어있던 근육이 모두 풀려서 부드럽고 편안해 지는 것을 느낀다. (30초~1분)

○ 마침설명
- 앞의 관상설명과 같음

골반관상

○ **자세설명**
- 손바닥을 비벼서 장심이 엉덩이를 향하도록 놓는다. 두 손을 엉덩이에서 10~30cm 떼어서 놓는다.
- 눈을 지그시 감으면서 의식을 골반에 둔다.

○ **관상설명**
- 손바닥에서 나오는 장심의 기운이 골반에 와 닿아서 위로는 척추, 아래로는 허벅지와 연결되는 관절까지 모두 부드럽게 이완되는 것을 느낀다. (30초~1분)

○ **마침설명**
- 앞의 관상설명과 같음

4. 천인합일
天人合一

□■■ 결가부좌에서 손과 발 모양의 중요성

처음 초보자인 경우나 혹은 전문 수련인이라고 할지라도 반가부좌와 결가부좌로 정좌명상을 하는 동안 두 발과 손의 위 아래의 위치는 본인의 습관에 맞추어서 하는 것이 좋다.

어떠한 자세가 자신에게 맞는 것인지 가장 쉽게 아는 것은 다음과 같다.

① 결가부좌를 할 경우에 먼저 한쪽 발을 위로 올리고 그 다음 다른 발을 올려서 시도를 해보고 다음에 발을 바꿔서 올려본다. 위에 올린 다리의 무릎이 바닥에 더 가까이 닿아있는 자세를 택한다.

② 발의 자세를 정한 다음 먼저 한 손을 위에 놓고 세 번에서 여덟 번을 자연호흡을 한다. 이때 의식이 자연 호흡하는 그 모습을 관찰한다.

손을 바꿔서 해본다.
그런 다음에 어느 손이 위로 올라와 있을 때 호흡이 편안한가를 봐서 편한 쪽을 택한다.
정좌명상을 하는 동안에 몸과 호흡과 의식이 삼위일체가 되어서 목적한 바를 얻는다.
다리의 자세는 몸의 편안함을 결정하고, 손의 편안함은 호흡의 편안함을 결정한다.
이러한 발과 손의 모양은 명상을 통한 건강과 아름다움, 그리고 지혜를 얻는데 중요한 영향을 미친다.
반가부좌 역시 그 자세를 선택한다.
특별한 목적으로 좌선 또는 명상을 하는 경우 그 목적에 부합되는 손과 발의 모양을 택한다.

편한자세

두 발을 포개고 엄지와 무명지 끝이 살짝 맞닿게 해서 무릎위에 놓는다.
그밖은 결가부좌 자세와 같다.

- **결가부좌** - 왼발을 오른쪽 허벅지에 올리고 오른쪽 발은 왼쪽 허벅지에 올린다.
  - 왼손을 먼저 단전부위에 놓고 그 위에 오른손을 놓는다.
  - 팔꿈치를 약간 들어올려서 겨드랑이를 뜨게 한다. 이때 손의 길이가 짧아서 동작이 잘 되지 않을 경우는 부드러운 수건을 접어서 손아래 받침대를 만들어 손을 놓는다.
  - 허리를 곧게 펴고 턱은 목 쪽으로 당기고 귀는 어깨선과 일직선이 되도록 한다. (자세한 자세는 자세 조정편을 참고)
- **반가부좌** - 오른발을 아래에 두고 왼발을 오른발 위로 올린다. 그 밖의 자세는 결가부좌의 자세와 동일하게 한다.

◻◼◼ **명상설명**

차훈명상 5가지 수련에서 정좌명상은 정공에 속하고 나머지 4가지 수련법은 동공에 속한다. 정좌명상 안에서 천인합일수련은 정공 중에서도 가장 핵심적인 내용이다.

사람에 따라서 혹은 장소나 시간, 수련목적에 따라 명상의 목적은 달라져야 한다. 명상의 종류는 크게 12가지가 있으며 그 구체적인 명칭은 다음과 같다.

① 건강회복을 돕는 명상　② 다도수양을 돕는 명상
③ 요가수련을 돕는 명상　④ 운동감각을 돕는 명상
⑤ 학문연구를 돕는 명상　⑥ 시험공부를 돕는 명상
⑦ 의식정화를 돕는 명상　⑧ 태아건강을 돕는 명상
⑨ 취사선택을 돕는 명상　⑩ 기도성취를 돕는 명상
⑪ 단수련을 돕는 명상　　⑫ 선수행을 돕는 명상

천인합일의 명상수련을 하는 동안 어느 명상법을 선택하여 수련을 하더라도 다음 몇가지 내용은 공통으로 적용된다. 명상수련을 하는 동안

첫째 명상 수련자는 자신이 남자든 여자든 간에 성 분별의식을 두지 않는다.
둘째 공간에 대한 차별을 두지 않는다. 수련하는 장소가 도시의 시끄러운 곳이든 산속의 조용한 곳이든 명상하는 동안 장소에 대한 차별성을 두지 않는다.
셋째 나와 남의 차별성을 두지 않는다. 혼자서 수련을 하든 여럿이서 수련을 하든 명상 중에 '나 혼자 한다' 또는 '여럿이 함께 한다' 는 의식을 두지 않는다.

명상시간은 수련자의 몸 상태나 생활습관에 맞추어서 정한다. 그러나 가장 짧을 때가 3분 이상이여야 하고 가장 길 때가 3시간 이내여야 한다. 이것은 일반 수련자에게 기준한 것으로 전문수련자인 경우에는 짧게는 한 순간일 수 있고 길게는 몇 날을 지속할 수가 있다.

건강 회복을 돕는 명상

천인합일의 명상수련을 하는 동안 자신의 몸이 상쾌하여 마치 막 자라 나오는 화초가 보슬비를 맞고 그 윤기가 새록새록 한 것과 같은 느낌의 명상을 한다.

이러한 명상법은 태양과 땅, 그리고 공기 중에 함유되어 있는 영양분을 흡수한 화초의 살아 숨쉬는 기운을 내 몸안으로 받아들여서 내 몸 또한 화초처럼 풋풋하게 생기 있는 몸으로 만들어 간다.

이것을 기공에서는 상응명상이라 하고 또는 대처명상이라 한다. 이 뜻은 내 몸과 내 몸에 필요한 영양소가 직접 만나서 건강에 도움을 줄 수 있는 조건이 되어 있지 않을 경우 선택하는 건강회복 수련법이다.

예를 들면 몸을 다쳐서 기력이 쇠약한 상태이거나 큰 수술로 몸이 정상적인 기능을 발휘할 수가 없는 경우에는 많은 음식을 섭취하여도 그것이 몸의 회복을 크게 돕지 못한다. 또한 음식을 정상적으로 섭취할 수가 없는 경우도 많다.

이런 경우에 건강회복을 돕는 상응명상법을 수련할 경우에 보다 빠른 건강회복을 도울 뿐만 아니라 삶에 의욕을 함께 북돋아주는 효과를 얻게 된다.

다도 수양을 돕는 명상

인류사회학에 의하면 단순하던 인간사회집단이 점점 그 규모가 커지면서 서로 경쟁하게 되고 그런 가운데서 인류문명이 발달하게 되었다.

인류가 역사시대로 접어 들면서 의식주의 다양한 문화현상이 형성되었을 뿐만 아니라 인간 간의 관계도 그만큼 복잡해져서 사회 속에 살아가는 사람들의 의식이 날로 피곤해 졌다.

복잡한 사회구조는 서기 1세기에 접어들면서 중국의 지식인들은 다양한 사회구조 속에서 생존해야 되는 고뇌에 쌓이게 되었다.

혼탁한 사회분위기 속에서 보다 사회를 이롭게 하는 현명한 방법을 찾기위해 서로 모여 차를 마시며 밤을 세우면서 이야기를 나누었다. 이와 같이 건전한 사회의식을 창출하기 위하여 함께 마시던 차의 습관이 당나라에 접어

들면서 한 개인의 의식정화를 위한 홀로 마시는 차 생활풍습이 보편화 되었다.

당나라 때 교연선사에 의해서 차 마시면서 마음수양을 돕는 다선일여의 다도정신이 강조되었고, 또한 차 한잔으로 제자의 마음을 일깨우는 조주선사의 '끽다거' 생활선 정신은 오늘날에 우리나라를 비롯한 중국, 일본 등지의 선수행자들 곁에 그림자처럼 함께하는 차 마시는 풍경의 근원이다.

다도를 애창하고 생활화하면서 그것을 사회정신건강으로 보급하는 차문화 애호가인 경우, 보다 더 깊이 있는 다도 수양을 필요로 할때 그러한 정신수양을 차훈명상의 천인합일 수련에서 발전시킬 수 있다.

명상을 하는 중에 자신과 차, 그리고 도(道)를 삼위일체 시킨다. 차는 나로 하여금 도를 깨우쳐 알게 해주는 교량 역할을 하여주며 도는 차를 통해서 나로 하여금 천인합일의 해탈 경지에 들게 할 것이다.

요가 수련을 돕는 명상

몸의 정화를 통해서 모든 생각의식을 놓아버리는 명상에 들어간다.

그러한 명상이 더욱 깊어져서 자아마저 존재하지 않는 경지에 이르면 바로 요가수련의 목적인 범아일여의 해탈경지에 들게 된다. 본래의 요가가 이와 같은 생과 사를 초월하고 윤회의 수레바퀴를 없애버리는 영혼의 해방에 있었던데 반해서, 지금 우리가 하고 있는 요가수련은 소수의 전문수련인을 제외하고는 모두 몸의 근육변화 현상의 범위를 벗어나지 못하는 신체위주의 현상요가 수준에 머무르고 있다.

그러한 까닭은 요가를 수련하는 이의 목적이 옛날 요가수행자처럼 근본해탈에 있는 것이 아니라 요가수련의 목적이 늘씬한 몸매만들기와 신체건강에 있기 때문에 이름이 요가이지 사실 본래 요가의 의미와는 상당한 차이가 있다.

요가는 의식을 명상으로 이끌어서 그러한 상태에서 나오는 동작자세들을 만들어 몸과 마음과 기를 정화시키는 것이 원리인데 지금 유행하는 대다수의 요가 수련자는 명상되어지는 의식의 기초가 없이 몸동작과 깊은 호흡을 강조하다 보니 일반 스포츠와 같이 몸을 건강하게 운동하는 수준에서 머물며, 마음을 정화하는 영성을 기대하기가 어렵다.

매일 짧은 시간 요가를 수련하는 이들도 요가진리의 문에 들어갈 수 있다. 요가를 수련하는 과정에서 한 생각을 크게 일으키면 영성의 지혜를 일깨우는 명상에 몰입하게 된다.

《요가경》에 말씀하기를 요가의 진리에 들어가는데 두 문이 있다. 하나는 바로 한 순간 진리에 부합하는 것으로 구체적인 수련과정을 거칠 필요가 없다. 이것을 돈오라고 한다. 또 하나는 이러한 돈오의 성취가 없을 경우에 한 걸음 한 걸음씩 요가의 실천과정을 밟아서 궁극에는 범아일여에 들어간다. 이것을 점오라고 한다.

차훈명상의 천일합일수련은 《요가경》에서 말하는 요가명상수련과 일치한다.

요가수련을 하는 동안 그 순간 순간의 요가동작 속에 돈오가 포함되어 있다. 그래서 내가 요가를 하는 동안에 그 동작 하나 하나가, 들이 마시고 내쉬는 호흡의 마디 마디가 범아일여의 대해탈의 모습 아닌 것이 없다.

이것은 물고기가 물속에 있으면서 물을 인식하고 있지 못하고 있듯 자신이 범아일여의 중심에 있으면서 그 기운을 인식하지 못하고 있듯 자신이 범아일여의 중심에 있으면서 그 기운을 인식하지 못하고 있는 것 뿐이다.

다시 말하면 몸과 호흡으로 요가동작 수련을 하고 있는 그 속에 바로 요가의 목적지인 범아일여의 명상이 전개되어 있는 것이다. 이러한 의식으로 요가수련을 할 경우에 보다 큰 수련 효과를 얻을 수가 있다.

운동 감각을 돕는 명상

골프는 많은 학부모가 자녀의 진로로 선택하는 전공 중에 하나이다. 그밖에 야구, 축구 분야 또한 많은 사람들이 관심을 갖는 운동이며, 올림픽 종목에 나와 있는 모든 종목들이 우리에게는 좋은 건강운동일 뿐만 아니라 사회적으로도 보장받을 수 있는 직업이기도 하다.

처음 운동을 할 때는 자세로부터 균형을 잡기까지 기본동작 익히기에 의식이 바쁘게 움직인다. 이런 과정을 아마추어 단계라 한다. 그 운동의 특성과 강약 그리고 심신의 일체로 만들어지는 운동의 모양이 나올 때부터 프로에 입문했다고 한다.

프로운동선수에게는 그날의 컨디션에 따라서 성적차이가 나며 특히 중요한 한 순간의 감각으로 인해서 이기고 지는 판가름이 나는 경우가 많다. 이처럼 전문 운동인의 경우에 순간 순간의 감각을 일깨우는데 많은 시간을 소모한다. 대부분 운동선수들이 감각을 일깨우기 위해 거듭되는 반복 운동을 실행한다.

이러한 반복훈련 속에서 가장 큰 관건은 순간 포착되는 감각의 반응을 어떻게 하면 1초에 발생하는 동작인데 10초 동안 일어나는 것처럼 느끼는 감각반응을 만드느냐에 있다. 이것을 다시 말하면 같은 짧은 시간 동안에 일어나는 현상을 더욱 선명하게 보거나 느낄 수 있게 되면, 그것에 대응하는 동작을 더 정확하게 취할 수 있는 것이다.

이러한 뛰어난 감각의 능력을 향상시키는데 천인합일의 명상수련은 큰 효과가 있다. 구체적인 명상방법은 다음과 같다. 예를 들어서 축구선수의 경우 조용히 앉아서 명상을 할 때 날아오는 공이 자신의 발에 닿는 순간의 감각을 놓치지 않고 1분내지 3분간 이어간다.

이러한 명상을 하는 동안 발등에 와 닿는 공의 느낌이 무릎과 골반을 거쳐 허리에 와 닿는 기운을 단전으로 모으는 의식연습을 한다. 이러한 명상이 순조롭게 이어지면 공을 차는 순간 단전으로부터 나오는 힘이 바로 연결 되어져서 그 파괴력은 훨씬 강해진다.

다른 운동의 감각향상 또한 마찬가지이다. 키포인트인 그 순간을 의식하여 단전까지 기운을 이어주는 것이다.

학문 연구를 돕는 명상

연구를 통해서 학문의 영역은 깊고 넓어지고 있다. 학문의 연구는 인류사회를 보다 편리하고 인간의 시야를 넓혀주는 큰 역할을 하고 있다. 그러나 부작용 또한 적지 않아서 지구 어딘가에 끊임없이 분쟁과 다툼, 그리고 전쟁이 일어나고 있다.

대부분의 학자들은 이러한 부작용은 학문의 성과로 만들어진 인류문명 때문에 일어나는 것이 아니라 그 시대를 살고 있는 그 시대에 영향력을 갖고 있는 사람들의 악한 성품으로 인해 나쁜 쪽으로 학문과 그 학문으로부터 만들어진 과학도구들이 사용되기 때문이라고 한다. 원인이 있으면 결과가 따르듯 사회에서 발생하는 모든 현상이 사실은 학문연구로 비롯되어 나온 것이다.

그렇기에 학문을 연구하는 전문인들이 보다 인류를 위하는 지혜로움의 맑은 정신으로 연구에 임했을때 분명 보다 나은 사회구조를 만들 수 있을 것이다.

천인합일의 명상수련은 학문연구가들의 심성을 지혜롭게 하여 줄 뿐만 아니라 그로부터 발견되고 만들어지는 연구성과 또한 인류사회를 보다 행복하게 하여 줄 것이다.

명상을 하는 동안 내가 왜 이 연구를 하는지에 대해 연구하는 대상과의 관계성에 대한 의문을 바탕으로 한 상태에서 자신이 전공하는 학문연구를 명상 중에 전개하게 되면 보다 효과적인 연구성과를 성취할 뿐만 아니라 그 성과가 사회에서 인류행복을 가져다 주는데 보다 긍정적인 역할을 할 수 있게 된다.

시험 공부를 돕는 명상

초등학교에서부터 직장을 갖기까지 공부를 하는 동안 가장 부담스럽고 피로운 부분이 시험이다. 직장생활을 하면서도 끊임없이 이어지는 진급시험은 가장 많은 스트레스를 주는 요소 중에 하나이다. 이렇듯 시험은 누구에게나 피해갈 수 없는 관문이다.

이러한 시험을 효과적으로 통과하는데 천인합일의 명상수련은 큰 도움이 된다. 명상을 할 때 자신이 준비하고 있는 시험내용을 이미지화해서 의식 속에 생각으로 떠올린다. 그런 다음 그 시험의 내용이 나에게 다가 오듯이 느낀다. 책을 볼 때에는 내 눈이 책으로 가는 것이 아니라 책의 글자들이 내 눈으로 들어오는 것으로 느낀다.

공부를 할 때나 TV, 영화를 볼 때에 내 의식이 그 속으로 빨려 들어가게 되면 시력을 해칠 뿐만 아니라 의식을 복잡하게 만들어서 대뇌에 많은 피로감을 주게 된다.

사물을 볼 때에 그 사물이 나에게 다가와서 내 눈 안으로 들어오는 방식으로 의식을 갖는다. 그러면 시력이 보호될 뿐만 아니라. 대뇌 또한 기혈의 움직임이 원활해져서 맑은 마음의 상태를 유지할 수 있게 되고 건강에도 도움이 된다. 사실은 명상을 하는 동안 공부하는 내용의 문구나 그림들이 그 책이나 화면으로부터 이동하여 내 눈으로 들어오는 의식을 반복한다.

이러한 명상수련은 자신을 시험이라는 부담감에서 해방시켜줄 뿐만 아니라 시험성적을 향상시키는데 큰 도움이 된다.

의식 정화를 돕는 명상

시간의 흐름에 따라 모든 사건과 사물은 변화 된다. 사람 또한 예외일 수는 없다. 그럼에도 불구하고 사람들은 지나간 것에 집착한다. 과거에 있었던 사건을 지금에도 존재하고 있는 양 마음속에 그 때의 의식 상태가 그대로 관념화 되어있는 경우가 많다.

이러한 의식구조는 미래의 자신을 개척하는데 방해가 되고 지금 이순간의 자신과 사회와의 관계성을 인식하는데 그 초점을 흐리게 하는 경우가 많다. 그렇기 때문에 사람은 그때 그때마다 의식을 정화해야 한다. 특히 예술가처럼 무엇인가 새로운 것을 창작해야 하는 경우에는 더욱 그러하다.

의식정화를 목적으로 하여 명상수련을 할 때는 자신을 흘러가는 물이라 생각하고 그 물이 흘러서 바다로 들어가는 큰 바다의 물과 혼합되어 이전의 독립되어 존재했던 모습은 찾을 수가 없다. 바로 자신의 마음속에 있는 모든 사물과 사건에 대한 고정화된 관념들을 이렇게 물 흘러 보내듯이 모두 정화하게 된다.

태아 건강을 돕는 명상

임산부와 태아는 한 몸이라 해도 과언이 아니다. 독립된 두 생명체라 하지만 임산부의 심리적 생리적 변화를 태아는 가장 민감하게 받아들이게 된다.

임산부의 행위로써 이루어지는 동적인 현상보다도 의식의 변화인 정적인 현상이 태아에게 보다 더 많은 영향을 미친다. 그래서 임신 중에 명상을 하게 되면 태아의 건강뿐만 아니라. 지식의 습득능력 향상에도 큰 도움이 된다.

천인합일의 명상 중에 임산부는 다음과 같은 의식을 갖는다. 먼저 내 몸 안에 있는 태아를 그대로 느낀다. 즉 내 몸 부위 중에서 하복부에 해당하는 자궁 속에 태아가 살아 숨쉬고 있는 것을 가능한 민감하게 느끼는 것이다.

그런 다음 의식이 점점 태아의 반응으로 모아지면서 그 태아의 작은 모습이 점점 커져서 나의 몸처럼 되는 것을 느낀다. 즉 태아가 바로 나와 같은 것이며 내 자신이 바로 태아의식이 된 것이다.

이러한 상태의 느낌을 가진 다음에 명상을 마무리 할 때 다시 현실로 돌아와 내 몸 속에 작게 자리잡고 있는 태아를 인식한다. 임신 중에 이러한 명상수련은 태아의 건강한 발육과 임산부의 건강한 몸을 유지 하는데 도움을 주며 특히 출산 후에 그 아이가 커서도 엄마와의 애정이 유지되는데 큰 도움을 준다.

취사 선택을 돕는 명상

바쁘게 살아가는 경우 여러가지 중에서 어느 하나를 선택해야 하는 경우가 많다.

지위가 높은 사람일수록 취사선택의 결과가 그 주변에 가져다 주는 영향은 크다. 미래는 정확하게 미리 알 수 없는 것이어서 앞날에 대한 불확실성의 부담감을 안고 살아가야 한다. 그래서 그 분야의 전문가에게 자문을 구하기도 하고 종교신앙자인 경우는 성직자에게 조언을 구하기도 하며 심지어는 점을 보거나 굿을 하기도 한다.

이와 같이 취사선택을 할 일이 있을 경우 천인합일의 명상에서 호흡명상법을 수련하면 큰 도움이 될 수 있다. 호응이란 장래에 일어날 수 있는 가능성으로부터 자신과 연결 지었을 때 가장 좋은 효과를 얻게 하는 대상을 떠오르게 하는 명상이다. 명상 중에 당면되어 있는 사건을 가능한 뚜렷하게 의식 속에 떠올린다. 그런 다음 그 일이 나에게 좋은 영향을 준다고 생각한다.

그런 다음 결정해야 할 날짜 이후의 시기에 자신이 존재하고 있다고 의식한다. 그때 떠오르는 현상을 보고 본인에게 이로운 쪽으로 취사선택을 결정하면 된다. 이것은 주역의 기본원리를 적용해서 신법화 시키는 명상법이다.

기도 성취를 돕는 명상

종교 신앙생활을 하고 있는 사람들에게 알맞은 명상법이다.

천인합일의 명상수련 중에 먼저 신앙의 대상을 떠올린다. 즉, 본인이 신앙의식을 하고 있는 상태의식에 몰입한 경우를 뜻한다. 그런 다음 평소에 하는 방법으로 기도에 들어간다. 다른 점은 마음을 고요히 하고 앉아서 마음으로만 하는 것이다. 이러한 명상수련을 통해서 자신의 신앙생활을 더욱 돈독하게 해줄 뿐만 아니라 신앙으로부터 오는 기도성취의 희열이 더욱 커지게 된다.

단 수련을 돕는 명상

심물이원론(心物二元論)적인 사유에서 우주는 신(神)과 인간(人間)의 영역으로 구분되어지고 인간은 신의 지배를 받는 종속물로서 제한된 시간과 환경속에서 자아 만족을 실현해야 한다. 형이상학이라는 불가침 구역이 만들어지면서 인간은 형이하학이라는 현상계 속에서 삶의 행복을 추구하게 되었고, 그러한 사고의식은 우리가 생존하고 있는 오늘날 사회를 주도하는 과학문명을 만들었다.

과학문명은 우리에게 많은 생활의 편리함을 제공하였고 인간의 시야를 훨씬 넓게 해줬다. 그럼에도 동·서양의 여러 곳에서는 현대물질과학의 폐단을 지적하고 심지어 어떤 학자들은 물질과학이 인간의 내적 능력을 저하시키며 우리를 물질의 노예로 전락시키고 있다고 주장한다.

현대과학은 이미 물질의 한계선을 넘어 정신의 영역까지 연구의 대상으로 삼고 있다. 과학과 철학 종교가 인간이 향유하는 세계를 보다 넓고 깊게 만들고자 한 뜻에서는 서로 일맥상통하고 있다.

육체와 정신을 서로 분리해서 연구와 실험을 한 결과 그 둘을 서로 연결시켜주는 고리를 기(氣)로 표현한다. 직접적인 수행과 수련의 체험에서는 몸과 마음을 구분지어 닦는다는 것은 불가능하다. 그래서 전통양생학에서는 기를 마음과 몸의 중심점으로 정한 학설도 있고 기(元氣)를 생명존재의 핵심으로 삼는 문파도 있다.

이것은 다시 말하면 현재 생존하고 있는 자신에게는 죽어서 몸이 식기 전까지는 기를 떠나서 존재할 수 없고 기의 원활한 움직임 없이 건강한 삶이 이루어질 수도 없다는 것이다.

생명체가 존재하는 힘의 주된 요소가 기인데 그것을 인도에서는 챠크라로 표현하였고, 우리나라와 중국에서는 그것을 단이라고 표현하였다. 이러한 생명이 존재하는 힘의 원천인 단을 어떻게 하면 보다 활성화 시키고 강해지게 만들어서 의식과 육체의 한계를 초월해서 서양에서 신의 영역이라고 말하는 범위까지 소요자재 할 수 있느냐에 목적을 두었다.

단수련 역사과정을 보면 2000여년 전부터 단에 대한 개념이 실지화되고 그 단이 어디에 존재하고 있는가에 대한 의문은 많은 전문수련인들의 노력과 시행착오를 거쳐서 그 단은 몸밖에 있는 것이 아니고 자신의 생명과 함께 몸 안에 존재한다고 단정지어졌다.

수련체험과정에서 보다 선명하고 정확하게 나타나는 흐름의 줄기를 이론적인 체계로 정립하게 되었는데, 그것이 오늘날 단수련의 기초학문인 12경락과 기경 8락이다. 이러한 경혈이론에 근거해서 몸 안에서 단이 형성되는 가장 중요한 지점을 미간의 상단, 가슴중심부의 중단, 하복부의 하단으로 결정하게 되었다.

이러한 체계가 정립된 후로 많은 사람들이 단을 찾아 집을 떠나게 되고 나름대로 단성취를 했다는 분들에 의해 각기 단을 찾는 방법들이 나왔는데, 그러한 방법들이 오늘날 전해지고 있는 것만해도 몇 백가지에 이르며 구전으로 전승되는 단수련법까지 합한다면 몇 만가지라 해도 결코 많다 할 수 없다.

800년 전부터 전문 단수련을 하는 도교 수행자와 불도 성취를 목적으로 하는 선수행자간의 많은 교류와 협력, 그리고 공동연구를 통해서 내단수련법이 보다 구체적으로 체계화 되었다.

단이라는 개념이 중요시 된 연유는 사람들이 무병장수를 원했기 때문이며, 어떤 경우에는 인간이 영원히 죽지 않는다는 장생불사를 찾아나선 이도 역사문헌에 보인다.

이러한 대표적인 인물은 중국천하를 처음 통일했던 진시황이었으며, 그는 스스로 몸 안의 단(내단)을 활성화시키는 수련을 한 것이 아니라 몸 밖에 있는 금속물, 나무뿌리, 화초, 열매 등의 신기한 물질을 결합해서 만든 약재(외단)를 복용해서 장생불사를 꾀했다. 진한시대에는 몸 밖의 약초를 모아 만든 외단에 의지해서 죽지 않는 영원한 삶을 추구한 사람들이 많았다.

이러한 외단 복용법은 1000여년간 사회지배층에 있었던 황제나 관리 또는 산중에서 도를 닦는 출세간의 수행자들 대부분이 관심을 갖는 내용이었다. 시간은 흘러가고 사회는 보다 복잡하게 변화되어 가면서 사람의 인지능력은 보다 많은 부분을 알 수 있게 되었다.

세계역사에 비춰보면 측천무후가 중국을 지배하던 당나라는 그 당시 세계에서 경제적으로나 문화적으로 가장 발달한 나라였다고 할 수 있다. 물질문명이 발달한 이 시기에 정신문명 또한 향상되어서 인도에서 들어온 불교 사상수행문화가 크게 발전하였다.

그 시대의 중국은 불교가 사회적인 신앙, 문화, 풍습 모든 분야에 주도적인 역할을 했다. 그 중에서도 선문화(禪文化)는 가장 큰 영향을 주었다. 선수행 문화가 발전하면서 사람들의 의식이 밖에서 보다는 안에서 삶의 의미를 찾는 정신 문화현상이 보편화되었고, 선수행자와 많은 우정교류를 하고 있던 도교 단수련자 또한 그 영향을 받아서 밖으로 찾는 약재복용의 외단 보다는 자신의 몸 안에 본래 존재하는 내단을 활성화 시키는 금단 수련에 몰두하게 되었다.

다시 말하면, 내적 수련이 보조가 되고 외단수련이 방법이 되었던 전에 비해서 선수행의 영향을 받은 뒤부터는 외단수련은 보조가 되고 내단수련이 주된 수련법으로 자리잡게 되었다.

내단수련에서 단수련의 목적은 금단수련 성취에 있다. 하단전에서 정이 정화되고 그것이 기운으로 승화하여 중단전으로 올라와 중단전에서 승화된 기운의 작용으로 오욕칠정의 감정의식을 정화시킨다.

그러한 욕정의 의식이 정화되고 나면 기운이 몸으로 올라가서 판단의식을 정화시킨다.

판단의식이 정화되면 순수한 원기가 외부천기와 통할 수 있는 상태로 만들어져 몸 밖에서 자유자재로 소요 왕래하는 힘이 생기는데, 그와 같이 할 수 있는 단을 금단(金丹)이라 부른다.

금단의 성취는 3차원적인 삶을 살아가는 인간인 자신을 1차원에서 4차원 5차원 그 이상의 고차원의 세계까지 자유로이 왕래하여 삶을 즐기는 새로운 체계의 자신의 모양을 만들어 준다.

이러한 생활속에 노니는 이들을 도교에서는 신선이라고 부른다.

신(神)은 우주의 본체인 근원성의 도를 뜻하고, 선(仙)은 인간이 육체라는 물질요소를 떠나지 않고 가장 고차원적인 질량으로 그 성분을 이루어내는 생명체를 뜻한다.

다시 말하면 우리가 살아 숨쉬는 육체의 틀을 벗어나지 않고도 사후에야 갈수 있다는 종교의 범위인 영생의 낙원인 천당이나 극락세계를 자유로이 왕래할 수가 있는 것이다.

그러면 어떻게 하면 그러한 금단성취를 할 수가 있는가? 먼저 가족을 떠나고 이웃을 떠나서 세속에서 즐기던 모든 욕망을 놓아버리고 단포자락으로 훌훌히 심산에 들어가 풀뿌리를 캐먹고 솔잎을 따먹으며 흐르는 계곡물로 목을 적시고 바람따라 오르내리는 운무로 목욕을 하면서 많은 시간을 결가부좌에 정좌상태로 일편단심 단만을 생각하면서 수련에 몰입한다.

그와 같이 100일 득공을 통해서 정을 만들고 10개월의 운기를 통해서 기를 승화시키며 3년간 득공을 통해서 신을 맑혀서 마지막 9년 면벽을 통해 자신의 마지막 모습으로 돌아가게 되면 자신의 금단을 성취한다.

앞에서 말한 바와 같이 단수련의 방법이 수없이 많지만 그 중에서 가장 정통으로 내려오는 단수련법들은 대부분 이러한 체계로 수련을 하고 있다.

천인합일의 명상수련 중에 단수련을 돕고자 할 경우 먼저 수련자는 자신과 수련으로 얻고자 하는 단, 그리고 단과 자신의 관계성이 서로 불가분의 관계로 삼위일체를 이루고 있는 한 울타리 안의 생명이라고 느낀다.

그와 같이 의식을 모은 다음 자신이 평소 수련하던 방법으로 단을 연마한다. 명상이 끝날 때 반드시 자신은 자신이고 단은 단이며 관계성은 관계성이라는 분리되어 존재하는 그러한 의식으로 돌아온 다음에 명상을 마친다.

선 수행을 돕는 명상

선은 크게 좌선과 선정으로 나누어서 말한다. 좌선은 선을 할때 앉아 있는 모습을 보고 정한 이름이며 선정은 선을 하면서 보이지 않는 내면에서 일어나는 경지를 표현한 것이다.

처음에는 좌선을 통해서 선정을 얻는 것이 보편적으로 되었으나, 서기 1세기를 전후해서 대승불교운동이 전개되면서 앉아 있는 것 외에 경전의 이치를 탐구하고 부처님의 이름을 부르는 종교의식도 또한 선정을 얻게 하는 범위에 포함시켰다.

그로부터 500년이 흐른 다음 보리달마가 중국 땅에 선법을 선양하면서 좌선이나 종교의식뿐만 아니라 차를 마시고, 이야기를 나누고, 길을 걷고, 나무를 하고, 불을 때고, 밥을 짓는 일상생활의 모든 행위가 선정을 얻게하는 선수행 아닌 것이 없다고 주장했으며 심지어 그러한 행위가 선정속에서 이루어 진다고까지 말하게 되었다.

이것을 세간에 노닐면서 출세간법에 소요한다고 말한다. 오늘날 참선을 좋아하는 우리들은 위파사나, 화두선, 천태지관, 수식관, 염불관 등 다양한 선법을 접하게 된다.

사실 어느 선법도 깨달음과 연관되어 있지 않은 것이 없으며 단지 중요한 것은 그 선법이 자신과 인연화합이 되느냐이고, 또 한가지는 그 선법을 통해서 자신이 안심해탈할 수 있도록 인도해 줄 수 있는 스승이 있느냐 하는 문제이다.

천인합일의 명상 중에 자신이 하고 있는 선수행에 몰입하는 것도 좋은 방법이다.

평소 좌선할 때에 비해서 먼저 차훈, 도인, 선녀보기 등의 수련을 통해 전신기혈을 풀어준 다음에 선세계(禪世界)에 소요하게 되면 보다 나은 경지에 몰입할 수 있다.

양생차

차를 마시면
몸이 가벼워지고
뼈가 새로이 튼튼해진다.

— 양나라 도원경이 저술한 《잡록》 중에서
* 육우의 〈다경〉에서도 인용함

苦茶輕身換骨.

— [梁] 陶弘景 《雜錄》

*〈梁書〉제51권 列傳 제45〈處士〉편에 이르기를 : 도원경(451-536)은 의술양생의 전문가로 음양오행과 풍수지리에도 능통했다.

V

환귀원처
還歸原處

1. 장심양기 掌心養氣
2. 안면양기 顏面養氣
3. 두발양기 頭髮養氣
4. 두피양기 頭皮養氣
5. 손팔양기 手臂養氣
6. 늑골양기 勒骨養氣
7. 앞몸양기 胸腹養氣
8. 신장양기 腎臟養氣
9. 다리양기 腿脚養氣
10. 호흡양기 呼吸養氣

▣▩▪ 환귀원처 해설

정좌명상을 한 다음에는 마무리 동작으로 전신의 기혈을 푸는 것이 좋다. 전문 수행자인 경우는 몇시간을 움직이지 않고 정좌명상을 하여도 단 한번의 깊은 호흡을 통해서 바로 일상생활 상태의 몸을 만들 수가 있다.

그러나 일반 수련자인 경우에는 단 몇 분간의 정좌명상을 하였더라도 반드시 몸을 풀어서 정상적인 활동상태의 의식을 만든 후에 자리에서 일어나 움직이기 시작한다.

만약에 명상중에 몸의 어느 부위가 긴장하고 있는 상태가 진행되는데 그 자리를 원활하게 풀어주지 못한 상태에서 바로 일상생활의식의 상태처럼 몸을 움직이면 그 부위의 기운이 역반응을 일으켜 그와 연관된 오장육부의 기능에 손상을 줄수가 있다. 그래서 환귀원처 동작들은 진행과정에서 그 자체만으로도 신체건강의 커다란 효과가 있다.

▣▩▪ 타법과 건강

수 천년 전부터 건강을 돕는 수련법으로 손바닥이나 주먹 또는 나무 등으로 팔, 다리, 몸통 부위를 두드려서 하는 수련법이 전해지고 있다.

타법의 특징은 피부의 모공을 자극하여 신진대사를 돕고 근육의 탄력을 북돋아 체력을 도우며 오장육부와 연결되어 있는 혈관이나 신경선을 자극해서 오장육부의 건강을 돕는다.

환귀원처에서 선택하고 있는 타법은 손바닥으로 모공과 근육을 자극해서 신체의 탄력을 향상하고 신진대사를 원활히 하는데 목적을 두고 있다.

타법수련을 하는 동안 손바닥에 접촉되는 부위의 건강을 도울 뿐만 아니라 손바닥에 모여 있는 기혈을 자극해서 전신의 기운을 원활하게 한다.

1. 장심양기
掌心養氣

- 두 손을 45° 앞으로 내밀어서 열감이 나도록 문지른다.
- 손을 문지를 때 팔과 어깨의 힘을 빼고 가벼운 상태로 열이 나게 빠르게 마찰한다.

□■■ 장심열감의 효과

동양전통의학에서 손바닥의 건강을 중요시한다.
손 운동을 통해서 오장육부의 건강을 촉진시켜줄 뿐만 아니라 머리를 맑게하고 의식을 정화시켜주며 나아가 지혜를 열어 소요 자재하는 삶을 성취하는데 큰 영향을 준다.
손 마찰을 통해서 이와 같은 건강을 얻고 다시 손에서 생성된 열 기운으로 신체 각 부위의 기혈을 통창시켜 주는데도 큰 기여를 한다.
우주이치를 5가지 요소 화·수·목·금·토 오행으로 나누어 생명체의 존재를 규명하고, 다시 어떻게 하면 이러한 생명체가 오래도록 건강하게 잘 살 수 있는가에 대해 중국의 도가에서는 많은 연구와 임상을 하였다.
전신에서 가장 기운이 민감하고 강하게 작용하는 부위가 손이여서 자석과 같은 손의 기능이 우주공간에 있는 몸에 필요한 다양한 영양 성분과 에너지가 손에 모아져서 그 기운을 활용하여 건강을 얻고 공력을 발휘하는 경우는 2000여년의 역사 속에서 흔히 볼 수 있는 일이였다. 또한 손은 자신의 마음이 밖으로 전달되는 통로로써 눈 다음으로 강한 작용을 한다. 그래서 손은 몸을 건강하게 하고 몸매를 아름답게 하는 모든 힘을 가지는 양생창고라 할 수가 있다.
그렇다면 현대를 살아가는 여성들의 손에는 이런 힘이 있겠는가?
반드시 있다. 여성들뿐만 아니라 모든 인간에게 이런 손의 힘은 갖추어져 있다.
단지 중요한 것은 손에 내재되어 있는 이러한 힘의 문을 열수 있는가에 따라서 그러한 기능 발휘를 하고 못하고를 한다.
어떻게 하면 손에 함축되어 있는 에너지의 힘을 열 수 있겠는가? 3가지의 작용에 의해서 손의 에너지는 움직이게 된다.

고요한 마음

의식이 한 곳에 집중되기 위해서는 잔잔한 호수와 같은 고요한 마음의 상태여야 한다.
정신일도면 하사불성(精神一到 何事不成)이라는 만물을 변화시킬 수 있는 정신력은 바로 고요한 마음에서 나온다.

절대신념

고요한 마음에서 일어나는 절대적인 믿음은 우주의 변화되어지는 에너지의 기운을 움직이게 한다. 아무리 좋은 여건과 기능을 갖추고 있더라도 강인한 신념이 뒷받침 되어 있지 않는다면 목적 한 바를 이루기가 어렵다.

우리가 보고 느끼는 인류사회의 모든 운명이 이와 같은 신념에서 나왔듯이 우리 여성의 건강과 아름다움을 유지하는 장수비법 또한 자신의 고요한 마음에서 만들어지는 절대 신념에서 나온다.

열에너지

열의 작용에 의해서 온도가 변화되고 온도의 변화에 의해서 지구상의 모든 생명체가 변화되어 진다. 열은 빛으로부터 영향을 받아 온도의 변화를 일으키는데 그 빛이 열을 발생할 수 있도록 작용하여 주는 것은 바로 고요한 마음에서 나오는 절대 신념 의지 때문이다.

사람마다 지니고 있는 고요한 마음의 핵심은 자아본성으로써 이것은 바로 우주와 내가 하나가 될 수 있는 근거이다.

그래서 고요한 마음의 상태에서 나오는 절대 신념으로 인해 두 손의 마찰에서 만들어지는 열의 에너지는 적게는 몸의 건강과 아름다움을 지켜주고 크게는 중국 철학에서 말하는 천인합일, 인도의 범아일여, 우리 다도에서 말하는 다선불이(茶禪不二)의 경지에 들어 갈 수 있는 힘이 되어 준다.

2. 안면양기
顔面養氣

- 두 손을 모아 손가락 끝을 머리선에 놓는다.
- 천천히 얼굴에 스치듯 가볍게 내린다.
- 손가락 끝이 볼에 오면 가볍에 스치듯이 위로 올린다. (3회)

생기있는 얼굴

푸른 하늘 따스한 햇살을 받아
포근한 엄마의 품 땅속에서 나오는
푸른 새싹

태극의 기운을 받아 허공 중에 노닐다가
부모정과 혈이 한덩어리 되어
나는 태어난다.

초롱초롱한 눈망울
뽀송뽀송한 볼
앵두처럼 붉은 입술

눈, 귀, 코, 입, 얼굴
나의 모습 나의 기운
나는 여기에서 내가 된다.

還歸原處

3. 두발양기
頭髮養氣

- 손가락을 둥글게 세운다
- 손가락을 빗처럼 세워서 앞머리에서부터 뒷목까지 빗어 넘긴다. (3회)

윤기있는 머릿결

푸른 허공에
구름을 모아 다듬어진
선녀의 머릿결

굽어서 굽어서
부딪치는 물결을 맞고
곱게 빗어 넘기는 인어의 머릿결

포근포근 흩어지는
알알의 황토흙을 모아
시원스럽게 빗어 넘긴
버드나무가지의 머릿결

허리 옷깃향기
땅, 하늘, 물기운을 모아
아지랑이처럼 피어나는
나의 머릿결

환귀원처 還歸原處

4. 두피양기
頭皮養氣

- 손을 공심장으로 만들어서 앞머리에서 부터 뒷머리로 가볍게 두드려 준다. (3회)

건강한 두피

황홀한 마음을 감싸고 있는
우주의 진리를 품어내고 있는
나와 너를 이어주고 있는

솟아나는 감로수
반짝이는 은하수
살아있는 생명수

질투는 좌로 나오고
사랑은 우로 나오고
우정은 아래로 나오고

내 마음의 집
내 여성의 집
내 생명의 집 두피

환귀원처 還歸原處

5. 손팔양기
手臂養氣

- 왼손을 쭉 펴서 45°로 내려뜨리고 오른손을 공심장으로 만든다.
- 손등을 위로하여 어깨에서부터 두드려서 손끝까지 내려온다. (3회)
- 손바닥을 위로해서 어깨에서부터 두드려서 손끝까지 내려온다. (3회)
- 손등을 위로해서 겨드랑에서부터 두드려서 손끝까지 내려온다. (3회)
- 손을 바꾸어서 같은 방법으로 반복한다.

가벼운 손, 팔

바람개비에서 나오는
작은 바람결에도
날아가는 나의 손과 팔

먹구름속 천둥번개의
태풍의 소용돌이 속에서도
요지부동하는 나의 손과 팔

손뼉소리에
지구는 흔들리고
하늘은 진동한다

금강석과 같은 팔의 힘
스치는 바람결도 움켜쥐는 손결
팔손 손팔 나의 손팔

6. 늑골양기
勒骨養氣

- 왼손바닥을 뒷머리에 가볍게 붙이고 오른손은 공심장을 만든다.
- 겨드랑이부터 두들겨서 허리까지 내려온다. (3회)
- 손을 바꿔서 반대 방향을 행한다.

날씬한 옆구리

수줍어하는 옆구리
즐거워하는 옆구리
애태워하는 옆구리

아름다움의
몸매는
옆구리에서 나온다

수줍어할 때 작아지는 옆구리
즐거워할 때 늘어나는 옆구리
애태워할 때 뒤틀리는 옆구리

옆구리의
날씬함은
마음에서 나온다

7. 앞몸양기
胸腹養氣

- 두 손을 공심장으로 만들어서 윗 가슴에서부터 두드려서 배까지 내려온다. (3회)

호흡하는 앞몸

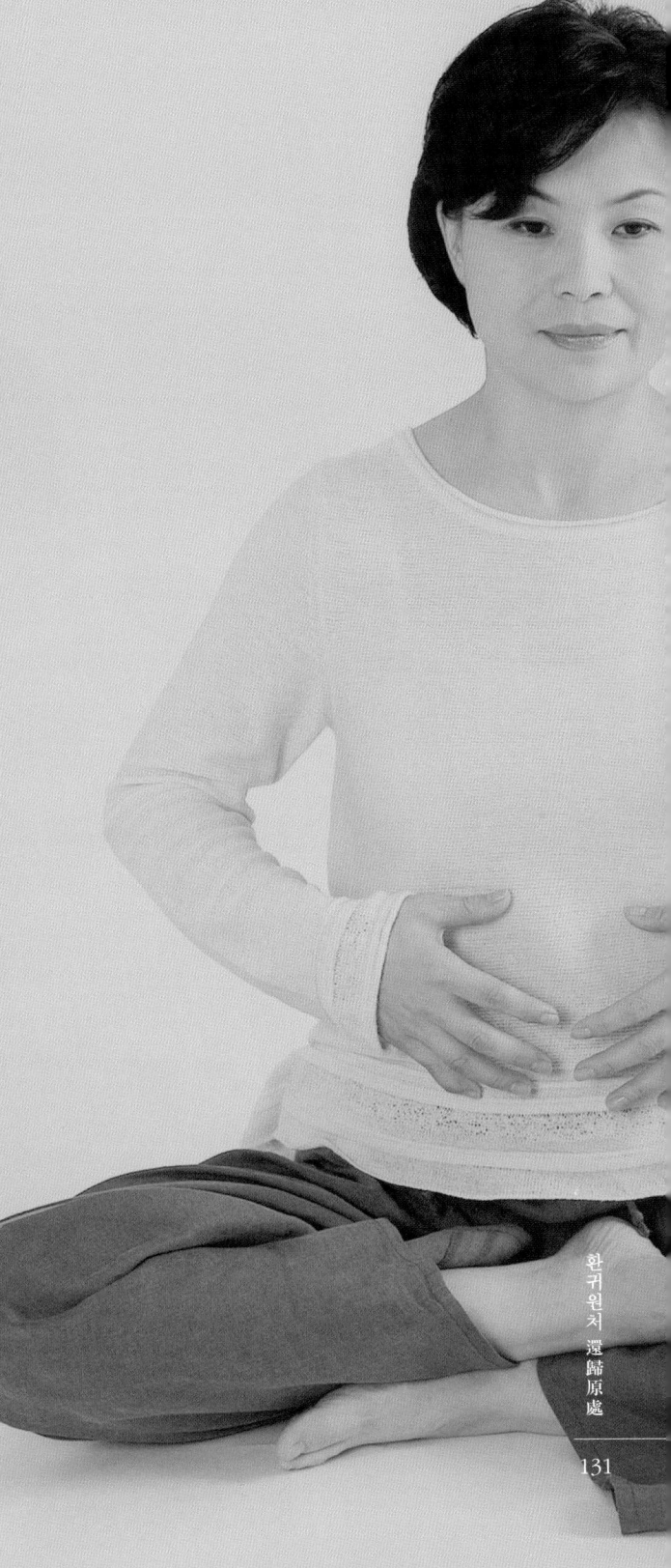

보배스러운 창고 간
신선한 허공 폐
붉은 태양 심장

질긴건 두드려서 연하게 만들고
딱딱한건 주물러서 부드럽게 만드는
보배로운 몸짱 위

통쾌한 쾌변
신속한 흡수력
따끈따끈한 포만감

임맥의 줄기를 잡아
오장육부의 기운을 타고
앞날을 지켜주는 건강한 몸

환귀원처 還歸原處

8. 신장양기

腎臟養氣

- 두 손을 공심장으로 해서 명문좌우를 두드려준다. (8회)

늘씬한 허리

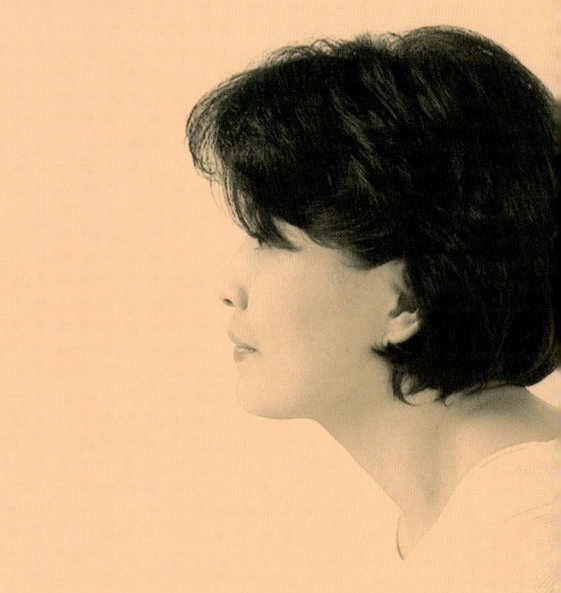

그대의 손으로 감쌀땐
나의 허리는
파르르 떨리면서 사라진다

그대의 손으로 밀어낼땐
나의 허리는
불길되어 그대를 태워버린다

그대의 손으로 잡아당길땐
나의 허리는
공기되어 그대를 감싸안는다

그대가 존재할 때
나의 허리는
그대의 존재를 없애준다

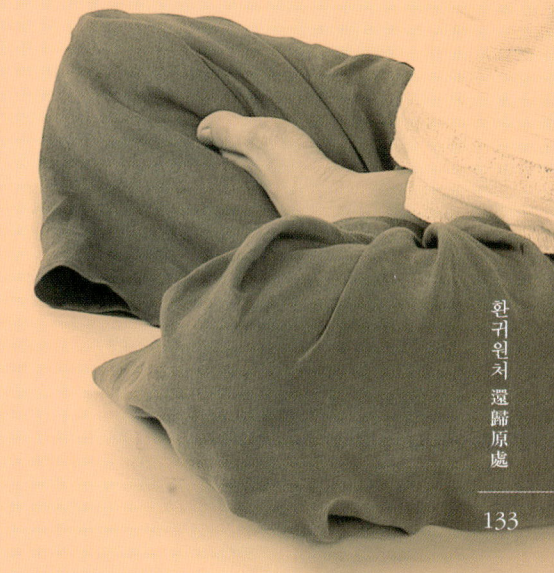

9. 다리양기
腿脚養氣

- 명문좌우를 8번 두드린 다음 이어서 엉덩이, 허벅지, 무릎, 종아리를 두드린다. (3회)

힘있는 다리

천리마와 함께
나는
달린다

자동차와 함께
나는
달린다

바람과 함께
나는
달린다

자동차에 천리마를 태우고
바람결을 따라
나는 달린다

환귀원처 還歸原處

10. 호흡양기
呼吸養氣

- 눈을 감는다.
- 양손을 단전에 모은다.
- 호흡

　들숨 : 숨을 들이마시면서 가슴을 풍만하게 들어 올리면서 아랫배를 안으로 당겨 위로 끌어올린다.
　지식 : 가슴이 끌어올려진 상태로 1~3초 동안 호흡을 멈춘다.
　날숨 : 호흡을 자연스럽게 내쉬면서 올려진 가슴을 자연스럽게 내린다. (3회)

마지막 세번째 숨을 내쉬면서 눈을 서서히 뜬다.

상쾌한 호흡

두 손을
단전에 모아
크게 숨을 들이 마신다

첫 번째 호흡에서
우주의 기운을 모아
몸안을 정화시킨다

두 번째 호흡에서
녹색의 기운을 모아
몸안의 세포를 정화한다

세 번째 호흡에서
나와 우주가 하나되어
두둥실 춤을 춘다

환귀원처 還歸原處

특별수련 I

미인차훈법
美人茶熏法

한 잔의 옥꽃차를 마시니
겨드랑이에 이는 시원한 바람
가볍구나, 이 몸이여
맑은 하늘 길을 거니네
밝은 달은
촛불이자 내 벗이요
흰 구름은
자리도 되고 병풍도 되네

— 초의선사의 《동다송》 중에서

一傾玉花風生腋,
身輕已涉上淸境.
明月爲燭兼爲友,
白雲鋪席因作屛.
— 草衣《東茶頌》中

□■■ 미인차훈법의 유래와 효과

　차훈 수련을 통해서 얼굴을 아름답게 하는 특별수련법은 2000여년 전부터 중국 곤륜산 자락인 사천 청성산, 아미산 일대에서 신선·선녀 수련을 하던 이들에게 전수되어 내려온 아주 중요한 양생법 중 하나이다.

　이러한 찻잎이나 불로초등의 풀잎훈을 통해서 그 속의 생기를 얼굴모공을 통해서 피부를 아름답게 해주는 비법이 특히 도교수련을 하는 여성 수행자들 중에서 유행되어 내려오는 수련법이다.

　이런 미인 차훈법은 나이가 들어서도 얼굴피부가 30대 전후의 탄력있고 생기있는 기운을 유지하게 할 뿐만 아니라 미인 차훈법을 하는 동안 생성되는 기운에 의해서 오장육부의 탁한 기운을 정화시키는 탁월한 효과가 있어서 나이가 70~80세의 여성수련자들도 깨끗한 미모를 유지하게 된다.

　현대여성은 진한 화장으로 인한 화장독이나 도시공기로 피부를 손상하기 쉬운데, 이러한 미인 차훈법을 통해서 독소를 제거하고 혈행을 좋게할 수가 있다.

　약이나 화장품의 보완으로도 얼굴 피부의 노화를 방지할 수가 있다. 그리고 수영이나 헬스, 요가 등의 건강운동법을 통해서 탄력있는 몸매를 만들 수가 있다. 그러나 현대여성의 피부노화와 많은 질병이 정신적인 고뇌로부터 오는 경우가 대다수이기 때문에 외적인 물리적 운동만을 통해서 노화를 방지하는 것은 어려운 일이다.

　정신으로부터 오는 병은 정신과 몸의 정화를 통해서만이 정화시킬 수가 있다. 미인 차훈법은 이러한 현대 여성 등에게 피부의 정화뿐만 아니라 마음의 정화까지 동시에 가져다주는 매우 좋은 수련법이다.

동작 1 : 차훈득기 수련에서 ① 차훈준비 ② 심신이완 ③ 청량찬물 ④ 조식훈기까지는 같은 방법으로 한다. ⑤ 가슴부위에서 의식이 가슴부위에 있는 것을 바꾸어서 의식을 얼굴 피부에 둔다. 이 때 피부에 물 기운이 마르면서 나타나는 간지러움이나 따가움, 당김 등의 반응을 그대로 관찰한다.

동작 2 : 얼굴의 물방울이 마르고 수분의 촉촉함이 느껴질때 손을 풀고 손을 문질러서 손의 열기가 생기면 손바닥으로 얼굴을 두드려준다. 이와 같이 10초가량 한 뒤 심호흡을 3회 정도 한다.

○ 3번째 심호흡을 들이마셨다가 내쉬면서 천천히 눈을 뜬다.

동작 3 :
- 얼굴에 화장수를 바른다.
- 화장수가 마르기 전에 로션을 바른다.
- 로션이 다 마르기 전에 영양크림이나 엣센스, 기능성 화장품을 바른다. 천연팩을 하면 좋다.

동작 4 :
- 편안히 누워서 관상한다.
- 관상방법 : 본인이 가장 선망하는 얼굴의 아름다운 모습을 떠올린다. 그 대상이 자신의 모습이여도 좋고 다른 사람의 얼굴이여도 좋다. 자신의 모습이 그와 같다고 생각하고 느낀다. (3분 이상 8분 이하)바른 화장품이 다 마른상태에서 손을 비벼 열기운이 느껴지면 손가락과 손바닥으로 부드럽게 두드린다. 위 아래로 가볍게 문지른다. (손바닥이 닿을 듯 말 듯 가볍게 문지른다. 30초 동안)

동작 5 : 두 손을 아랫배에 모아서 크게 심호흡을 3차례 한다.

동작 6 : 호흡을 마지막 내쉴 때에 눈을 서서히 뜬다.

특별수련 Ⅱ

통기차훈법
通氣茶熏法

무등차

가을은
술보다
차 끓이기 좋은 시절…

갈가마귀 울음에
산들 여위어 가고

씀바귀 마른 잎에
바람이 지나는
남쪽 십일월의 긴긴 밤을

차 끓이며
끓이며
외로움도 향기인 양

― 茶兄 金顯承 詩에서

▣■■ 통기차훈법 해설

　차훈명상의 5가지 수련법은 누구나가 할 수 있는 보편적인 수련법인 반면 미인차훈법, 통기차훈법, 단식차훈법은 특별한 목적을 위한 수련법이다. 그 중에서 통기차훈법은 몸이 냉한 체질이거나 한기가 들었거나 추운날씨에 수련하는 방법으로 건강에 큰 도움이 된다. 이밖에도 기 수련 등 전문수련과정에서 통기를 위한 과정으로 수련했을때 큰 효과를 볼 수가 있다. 또한 몸에서 냄새가 나는 경우에는 차훈통기법 수련을 통해서 체질개선을 할 수가 있다.

준비과정 茶

- 차훈득기 1에서 6까지 수련을 다 마친 다음 목욕을 한다.
- 쿵푸차 도구와 철관음(오룡차)을 준비한다.
- 속옷만 입고 정좌를 하고 앉는다.
- 담요나 두껍고 큰 타월로 온 몸을 감싼다.

  만약에 방 공기가 차갑다고 느낄 경우는 두꺼운 이불로 감싼다.
  감쌀 때 목과 뒷머리까지 둘러쓴다.

통기차훈법 通氣茶熏法

▪■ 제 1 단계 수련

- 찻잎을 본인이 평소 즐겨 마시는 농도로 다관에 넣는다.
- 뜨거운 물을 먼저 부어서 다관에 있는 찻잎을 씻어낸다.
- 뜨거운 물을 부어서 바로 따라낸다.
- 찻잔은 작은 잔이 좋다.
- 찻잔에 뜨거운 차는 가능한 뜨거운 상태로 마신다.
- 이와 같이 계속 다관에 찻물을 부어 세 차례를 우려 마신다.

▪■ 제 2 단계 수련

- 의식을 집중하여 머리에서 발끝까지 전신의 모공이 열려서 몸 안의 노폐물이 땀과 함께 흐르는 것을 관한다.
- 호흡은 자연호흡을 한다. 이와 같이 약 3분간 유지.

▪■ 제 3 단계 수련

- 이어서 다시 한 차례 1단계 수련을 반복한다. 이때 마시는 속도를 가능한 빠르게 한다.
- 3단계 수련을 하는 동안은 1단계 수련과는 달리 온 몸에 땀이 베어있거나 숨이 차는 경우도 있다. 이때 혈압이 위로 오르지 않는 경우에는 3단계 수련을 계속한다.
- 수련중간에 몸을 감싸고 있는 모포를 벗으면 안된다. 열이 나고 땀이 흐르기 때문에 갑갑증을 느끼고 모포를 벗는 경우엔 한기가 들 수가 있다.
- 통기의 효과가 저하된다.

▪■ 제 4 단계 수련

- 호흡수련이다.
- 먼저 심호흡을 3차례 한다.
- 그 다음 숨을 크게 들이마시고, 약 8초에서 1분 가량을 의식을 한다.
- 숨을 내쉴 때 나가는 호흡과 함께 전신의 모공으로 노폐물이 빠져나간다고 의식한다.

○ 지식호흡을 3~8회 한다.
○ 마무리 할 때 자연호흡을 한다.

▫▪■ 제 5 단계 수련

○ 제1단계와 마찬가지로 반복한다. 가능한 마시는 속도를 빠르게 한다.
○ 이때에 차가 먹히지 않거나 숨이 답답할 때에는 차마심을 더 진행하지 않는다.

▫▪■ 제 6 단계 수련 (마음수련)

○ 의식을 본인의 몸이 공중에 떠있다고 생각한다. 이어서 몸이 점점 물로 변해서 바닷물과 합일이 되어 몸의 형체가 없어진다.
○ 마음수련을 하는 동안 몸과 마음을 놓아버린다.
○ 3분 이상을 한다. 만약에 의식이 순조롭고 몸이 편안해서 지속할 수 있는 경우엔 계속 유지하면 할수록 효과가 증대된다.

통기차훈법 마침

- 손을 문질러서 오른손과 왼손으로 대추혈을 문지른다. 그 곳에 있는 땀이 다 없어질 때까지 문질러서 그 곳의 수분이 다 마르게 한다.
- 샤워를 한다.
- 물기를 닦고 편안히 누워서 약 3~10분 정도로 몸의 물기가 마를 때까지 휴식을 취한다.

차훈명상과 인간탄생

한 생명이 탄생 할 때, 부모로부터 정혈(精血)을 이어받고, 다시 하늘의 양기와 땅의 음기를 조화롭게 받아들여서 잉태하고 성장하며 태어나게 된다.

이 세 가지의 기운은, 생명체가 만들어 지고, 성장하고, 변화되어 가는데 없어서는 안 될 필수요소들이다.

먼저, 땅에 대해서 이야기 해 보자!

많은 사람들이 죽고 난 다음에 묻힐 땅으로 명당자리를 찾는다. 사실은 죽은 다음보다도 살아 있을 때 어떤 기운의 땅에서 생활 하느냐가 더욱 중요하다. 기운이 좋은 땅에서 잠을 자고 일어나면 상쾌함을 갖는다. 그렇지만 탁한 기운으로 뭉쳐있는 땅에서 잠을 자면 그 다음날 몸이 쑤시고 가뿐하지가 못하다.

하늘의 양기를 일반적으로 막연하게 인식하게 된다. 하늘은 가장 가깝게 우리에게 와 닿는 것이 공기이다. 일분동안 몇 차례의 숨을 들이마시고 다시 내쉬는데 이렇듯 하늘의 양기는 우리 생명과 서로 불가분의 관계로 끊임없이 연관을 맺고 있다.

과학이 점점 발전하면서 부모로부터 혈액형뿐만 아니라, 기운도 상당부분 이어받는다는 사실을 알게된다. 출생을 기준으로 해서 이전에 받아들인 것을 선천성이라 하고 태어난 다음부터 받아들인 것을 후천성이라 한다.

하늘과 땅과 부모의 영향은 후천적 영향 못지않게 태어나기 이전의 선천적인 영향 또한 매우 중요하다.

차훈명상 수련을 열심히 하여 몸과 마음이 청정해져서 하늘과 땅과 부부의 기운이 서로 삼위일체된 환경 속에서 임신하고 다시 뱃속에서 성장하여 태어나게 되는 아기는 태어난 다음 영아기를 거쳐 아동기, 청소년기에 이르기 까지 몸과 마음이 성숙되는데 천지인(天地人)과 합일되는 환경의 조화를 보다 잘 적응하고 받아들이게 된다.

통기차훈법 通氣茶熏法

151

특별수련 Ⅲ

단식차훈법
斷食茶熏法

빈뜰에 솔방울 떨어지고
고적한 방 향불 타 오르는데
굶주림과 목마름 무엇으로 달랠까
한줌의 취나물이요
한잔의 차일세

— 《원감국사》 시에서

庭空松子落
室靜篆煙逝
何以療飢渴
香蔬與釅茶
— 《圓鑑國師》詩

□■■ 왜 단식을 해야 하는가

　　현대인들은 음식물의 과잉섭취와 일의 스트레스로 인해서 영양과 일에서 많은 질병이 발생한다. 먹는 자체를 즐기면서 상대적으로 음식물을 소화시킬 수 있는 합당한 운동을 하지 않아 비만을 초래한다. 어릴 때부터 TV를 보며, 오락게임을 즐기는 과정에서 긴 시간을 앉아만 있게 되는 자세의 불균형으로 척추가 비정상적으로 형성된다. 또한 기혈의 통창이 원활하지 못하다보니 아이들에게서도 비만현상이 일어나게 되고, 애들한테서도 성인병에 해당되는 질병 등이 발생한다.

　　그리고 성인의 경우에는 복잡한 사회생활로 정신적인 부담이 많아지면서 한시도 모든 것을 놓아버리고 소요자재 할 수 있는 여건을 만들기가 쉽지 않다. 그러다보니 자기만이 편안히 쉴 수 있는 여유시간이 주어지더라도, 그 시간동안 무심(無心)해지기가 쉽지 않다.

　　왜냐면 긴 시간의 정신적인 긴장으로 인해 뇌의 기능이 복잡해져 있기 때문이다. 현대 사회 속에 살고 있는 많은 사람들이 주변이 조용해지면 더 불안해한다. 그래서 TV나 라디오를 보거나 듣지 않으면서도 습관적으로 켜놓는다.

　　사람들은 습성에 의해 살아간다. 음식도 개인의 습관과 입맛에 따라 섭취하고 어릴 때부터 습관 되어온 것들을 어른이 되면 유지하려한다. (예: 음식·잠자리·취미·지식...) 이러한 습관들을 자기의 본질로 인식한다. 그래서 자기의 습관이 억압을 받거나 실현할 수 없게 되면 삶의 의미를 상실하는 경우가 많다. 사실 이러한 습관은 무한히 변화 되어가며, 어제의 습관이 오늘 나의 습관으로 그대로 옮겨오는 것이 아니다.

　　우리가 일반적으로 인식하고 있는 것을 인연화합(因緣和合)에 의해 그때그때 변화 되어 간다. 그렇기 때문에 어릴 때 습성이 성인이 되어서도 그 뿌리가 같다고 인식하는 것은 잘못이다. 우리는 허상을 불변하는 본질인양 잘못 인식하며 산다. 이러한 허상이 쌓이고 쌓여 뇌에 부담을 준다.

　　옛날 어떤 수행자가 한 선사를 찾아 질문하기를 "당신이 깨달은 세계의 맛이 어떠하냐"고 묻자, 대답하기를 "나는 밥먹을 때 밥먹고, 잠 잘 때 잔다." "다들 그와 같지 않느냐"고 반문하자, 선사의 말씀이 "나는 밥먹을 때 밥먹는 그 자체만 생각하고, 잠잘 때 잠의 그 자체만이 있다. 그러나 많은 사람들은 밥을 먹을 때 온갖 생각을 일으켜 그 밥 먹는 순수한 맛을 느끼지를 못하며, 잘 때는 잠자는 포근함에 취하지 못하고 갖가지 생각과 꿈으로 머리가 쉴 틈이 없다."고 하였다.

　　그렇다. 많은 이들이 이것을 할 때 저것을 생각하고, 저것을 할 때는 또 다른 무엇을 생각한다. 몸 안에 흐르는 중심 기운은 의식을 따라 작용하며, 기운이 가는 곳에 혈(血)의 흐름이 이어진다.

음식을 복용한 뒤 소화를 돕기 위해 많은 혈(血)이 위장 주변에 모이는데, 만약 소화를 해야 될 때에 복잡한 생각을 많이 하게 되면, 운동량이 부족한 사람일 경우 쉽게 소화 불량의 현상이 생긴다. 원인은 기(氣)가 먼저 복잡한 생각을 하고 있는 뇌를 돕기 때문이다. 규칙적인 생활이 무병장수의 지름길이 되는 것은 이 습관성의 원리 때문이다. 그래서 습관 되어 있는 음식은 몸에서 쉽게 받아들인다.

예를 들면 고산지대에 사는 티베트인은 주식이 양고기와 우유이다. 야채와 과일은 절대 부족이다. 그러나 티베트인은 건강을 유지한다. 원인은 오랜 세월 습관화 되었기 때문이다. 우리 민족은 원래 채식위주의 식생활이었다. 따라서 소식과 채식은 건강에 가장 좋은 방법으로 잘 알려져 있다. 그러나 이것은 사회의 보편적인 인식이고, 개개인에게 똑같이 적용되는 것은 아니다. 우리는 같은 생활 공간에서 서로 다른 문화의 다양한 사람들이 함께 살고 있다. 그리고 환경이 다른 여러 지역을 다닌다. 많은 시간을 식단이 비교적 안정된 집을 떠나 지내는 경우도 적지 않다. 그래서 현대사회에서는 자의에 의해서든 타의에 의해서든 소식, 채식이 좋은 줄은 알지만 실행하기는 힘들다.

단식을 통한 소화기 계통의 휴식이 필요하다. 단식에는 여러 종류가 있다. 크게 나누면 몸을 위한 단식과 마음을 위한 단식이다. 몸을 위하는 단식에 다시 두 가지의 목적이 있는데, 병치료 단식과 휴식단식이다. 병치료 단식에 다시 소화기 계통의 치료단식과 그 밖의 신체기능 회복의 단식으로 나뉜다. 단식을 할 때 반드시 그 목적을 분명히 해야 한다. 그렇지 않는 경우 역효과의 현상이 발생할 수도 있다. 우리는 주변에서 단식을 하고서 효과를 본 이에 비해 잘못되는 경우를 더 많이 본다. 그리고 단식기간이 끝난 뒤 보식과정에서 부작용이 생겨서 잘못되는 경우도 많다.

또 단식했을 때는 분명히 효과를 보았는데 얼마간 시간이 흐른 뒤 다시 잘못되는 경우가 있다. 예를 들면 단식을 해서 위장병이 치료되었는데, 한달 혹은 몇 달이 지난 다음 다시 병이 재발되는 경우, 또는 여성들이 체중감량을 위해 단식해서 몇 킬로그램씩 감량효과를 보았는데, 몇 달이 지난 뒤에 단식하기 전보다 더 살이 많이 찐 경우를 본다. 왜 이러한 현상이 일어날까?

그것은 단식한 이의 마음이 변했기 때문이다. 다시 말하면 단식할 때의 강한 정신(치료에 대한)이 사라졌기 때문이다. 많은 사람들이 의식, 무의식적으로 한번 치료되었으면 다시 아프지 않을 것으로 착각을 한다. 단식의 효과는 약을 먹고 치료한 경우나 수술을 하여 완쾌되는 경우와 같은 이치이다.

단식을 신비의 특효약으로 생각하면 안 된다. 약이나 수술은 물질 인자의 작용으로 직접 몸에 먼저 영향을 주지만, 단식·도인·명상등은 먼저 마음이 수련자세가 되어 있어야 효과를 낸다.

다시 설명하면 운동·약·음식 등은 몸을 중심으로 삼는다. 그리고 기공과 태극권은 기를 중심으로 삼는다. 그래서 운동을 할 때에는 몸이 잘 따라주면 마음도 함께 즐거워진다. 기공과 태극권 등을 할 때는 기가 잘 운용되면 몸도 좋아지고 마음도 편안해 진다.

참선을 할 때에는 마음이 순일하면 몸도 함께 가뿐해진다. 이렇듯 수련법에 따라 중심점이 달라진다. 만약에 기공의 정공 수련을 하는데 임독맥의 순환을 의식으로만 인식하고 기의 반응이 함께 하지 않는데 계속 수련할 경우 의식이 환상만 존재할 뿐 기혈의 통창을 기대하기는 어렵다.

이와 같이 어느 한 수련법을 택했으면 거기에 맞는 몸과 마음과 기의 조화가 이루어져야 한다. 비록 시작할 때 중심점은 다르지만 결국 효과는 하나로 통한다. 왜냐하면 마음과 몸은 동전의 양면과 같아서 서로 불가분의 관계에 있기 때문이다.

기(氣)는 몸과 정신을 서로 결합되게 하는 작용을 한다. 만약 우리 몸에 기가 이미 사라져 없다면 우리는 이 모습을 죽었다고 한다. 즉 생명체가 없어진 것이다. 중국의 도교, 우리나라의 단수련, 티베트의 만트라 수행들에서 기를 중요시 하고 또 기(氣) 중심의 수련법이 많은 것은 기(氣)는 몸과 마음을 결합시켜 줄 뿐만 아니라, 몸과 마음으로 직접 통하기 때문이다. 이 두 가지 이치를 명확히 이해하는 것은 수련하는 이의 가장 중요한 기초이다.

□■■ 복기벽곡의 세가지 수련법

일일(一日)단식

일주일 혹은 한달에 한번 하루동안 단식을 한다. 꾸준히 하면 제삼자의 입장에서 자신의 생명체의 본 모습을 관조해 볼 수 있다. 자신을 바로 직시(直示)할 수 있으면 행주좌와(行住坐臥)와 어묵동정(語默動靜)에 자신의 모습이 바로 보일 것이며, 이것은 바로 어느 때 어느 곳에서나 깨어있는 삶을 유지할 수 있게 된다.

정화(淨化)단식

계절 또는 일년에 한번 단식한다. 일일단식이 가정에서 실천 할 수 있는 반면 정화단식은 반드시 지도자가 있는 환경에서 수련해야 한다. 단식하는 과정에서 제일 중요한 것은 마음가짐이다. 며칠을 더 굶고 덜 굶는 것이 중요한 것은 아니다. 단 하루를 단식하더라도 마음이 24시간 몸의 기운과 함께 한다면, 일반적인 일주일, 열흘 단식보다 더 효과적이다.

정화단식은 오장육부등 몸 안의 모든 기능을 대청소하는데 목적이 있다. 마당을 청소 할 때는 어느 일부분이 덜 청소 되었더라도 다음에 그 부분을 하면 된다. 그러나 신체의 구조는 마당과는 다르다. 서로 불가분의 관계로 형성되어 있기에 어느 한 부위에만 작용하게끔 수련할 수는 없다.

5일간 단식을 하면 그 기간동안은 실에 꿰어놓은 염주알과 같이 한 선상을 따라 나아간다. 만약 중간에 잘못 실천하게 되면 선상에서 벗어나는 경우가 되어 몸안에 흐르는 기운이 역반응을 일으키기가 쉽다. 단식하는 동안 몸으로 하는 실천수련은 강한 의지만 있으면 가능하겠지만, 마음이 함께 순일하기란 어렵다. 이상한 의식의 반응이 일어나고 있을 때 그 잘못됨을 파악하고 빨리 본래 마음자리로 되돌아와야 한다. 그렇지 않을 경우 주화입마(走火入魔)에 빠지기가 쉽다.

수련자 가운데 적지 않은 사람이 본인이 이미 주화입마에 빠져서 수련생활을 유지하고 있으면서도 그것을 모르고 지낸다. 가장 큰 주화입마는 잘못된 고정관념이다. 왜냐하면 정신이 이상하게 되거나 신체 불구가 되는 경우는 자신 한명에 해당되는 고통이나, 수련을 전문으로 하는 이의 잘못된 고정관념은 본인도 잘못될 뿐만 아니라 주변의 많은 사람들을 함께 불길로 빠져 들어가게 만들기 때문이다.

3. 치료단식

우리는 평소 환상(허상)속에 살면서 몸의 존재를 망각하는 경우가 많다. 몸은 마음의 유희를 위한 부속물인양 취급하는 사람들이 있는데, 금생이라는 한정된 시공(時空)속에서 자신을 비추어보면 마음보다 몸이 더 중요하다는 것을 알게 된다.

종교적인 입장에서 영생을 말하고 윤회를 말하면서 그 이어지는 존재의 실체를 영혼 또는 마음이라 부른다. 이 마음과 영혼은 현실로 존재하는 육체가 있다는 가정하에 개념이 성립되며, 몸이 노화되어 죽음에 이르렀을 때 윤회나 영생의 세계를 논하게 된다. 그러기에 우리는 마음의 평온을 얻고자 할 때 몸의 건강함을 먼저 생각하게 된다.

마음이 늙어간다는 것을 몸이 노화되어 가는 형상속에서 인식하게 된다. 옛 성자의 말씀에 : '부서진 수레는 굴러가기 어렵고 늙은 사람은 수행하기 쉽지않다(破車不行, 老人不修)' 고 했듯이 수행에 전념하다가도 몸에 병이 생기면 정진이 순일하게 되지 않는다. 사회속에서 자신의 목표를 성취하기 위해 일에 몰두하다가도 뜻밖의 난치병을 얻는 경우가 있다. 이것은 너무 정신세계만을 자신의 전부인양 집착한 결과 병이 발생한 경우이다. 이런 경우에 일부의 난치병(전염성 등)을 제외하고는 차훈단식법을 함께 병행해서 치료하게 되면 더욱 효과적이다.

▶ **차훈명상 일일단식 시간표** ◀

- 단식 하루 전날 저녁을 죽이나 즙 또는 스프로 복용한다.
- 저녁식사 후에는 일체 음식을 먹지 않는다.
- 식욕이 당길경우 생수를 마신다.
- 평소 차를 즐겨 마시는 경우에는 차잎을 평소보다 적은 양을 넣어서 연하게 마신다.

단식날 1

① 아침 식사 시간에 차훈명상을 수련한다.
② 차훈한 찻물을 복용한다.

- 평소 차를 진하게 마시는 분들은 차훈한 물을 그대로 마시면 되고 그렇지 않은 분들은 차훈했던 찻물에 물을 더 부어서 본인이 부담없이 마실수 있는 농도로 만들어서 마신다. 만약에 평소에 차를 마셔보지 않았던 분들은 적은 양의 차훈한 물을 복용하고 부작용이 없으면 점차 찻물 마시는 양을 늘려간다.
- 차를 전혀 마실 수 없는 분들은 차잎은 차훈할 때에만 쓰고 차훈한 다음에 생수를 마신다.

단식날 2

① 점심 식사 시간에 차훈명상을 수련한다.
② "단식날 1"과 같은 방법으로 한다.
③ 차훈명상 수련 후에 잠이 오든 오지 않든 편히 누워서 휴식을 취하는 것이 좋다.

단식날 3

① 저녁 식사 시간에 차훈명상 수련을 한다.
② "단식날 1"과 같은 방법으로 한다.

- 차훈명상 수련 중에나 그 밖의 시간에 식욕이 나거나 갈증이 생기면 찻물이나 생수를 조금씩 마신다.
- 차훈명상 수련은 적게는 1시간 이상을 하고, 많게는 3시간을 초과하지 않는다.
- 차훈명상 수련 이외의 시간에 독서나 산보, 운동, 휴식을 취한다.
- 일을 하면서 단식할 경우에는 무리하지 않도록 주의한다.
- 단식하는 중에 운전이나 일을 해야 하는 경우에는 미리 꿀이나 포도당주스를 준비해 두었다가 빈혈이 돌거나 무력감이 심해질 때 물에 타서 복용한다.
- 단식 다음날 아침 식사 시간에 죽이나 즙 또는 스프를 복용한다.
- 보식은 본인이 좋아하는 것으로 선택해서 복용한다.
- 점심 때 부터는 정상적으로 식사를 한다.

차훈명상문답
準備茶熏問答

1. 차훈명상책을 보면 여성분들 위주로 내용이 구성되어 있는데, 남성들도 할 수 있습니까?

차훈명상은 남성분들에게도 필요한 것입니다.

2. 나이든 사람들도 미인차훈명상법을 수련하면 효과를 볼 수 있습니까?

미인차훈명상법은 나이든 여성에게도 좋은 효과가 있습니다. 미인차훈명상법을 수련한 후에 화장을 하게되면, 피부가 화장을 훨씬 잘 받아들입니다. 그리고 하루 일과 후에도 다시 차훈명상을 하여 마음을 편안하게 하고 몸을 이완하여 피부까지 휴식을 주어 클린징과 보습효과로 맑고 탄력있는 피부 미인으로 즐거운 생활을 할 수 있습니다.

3. 20대도 차훈명상을 해도 됩니까?

20대의 젊은 여성이더라도 공해로 인해 거친 피부가 되기쉽습니다. 20대의 여성들이 차훈명상을 하면 피부에 스며든 공해물질들을 분해 배출하고, 피부에 휴식을 줘서 탄력과 생기를 줍니다.

4. 30대 여성에게 차훈명상은 어떤 효과가 있습니까?

30대는 노화되어가는 40대를 바라보는 장년기로 피부는 거칠어지기 쉽고 탄력은 갈수록 저하됩니다. 이러한 시기에 차훈명상의 수련에 의한 기혈통창으로 중년에 접어들어서도 탄력있고 건강한 피부를 유지할수 있습니다.

5. 40대 여성에게 차훈명상은 어떤 효과를 줍니까?

40대는 노화가 진행되는 시기입니다. 인생에 있어서 전체를 둘로 나누어 40대부터 후반이라 할 수 있습니다. 이것은 신체의 활력으로 인한 즐거움이 많던 30대까지의 활동위주의 삶에 비해 40대부터는 정신의 욕구에 비해 몸이 따라주지 않는 시기입니다. 이러한 변화기때 차훈명상수련을 하게되면 후반의 인생을 몸과 마음의 건강으로 즐겁고 활기찬 나날을 보낼 수 있습니다.

6. 50대 여성에게 차훈명상은 어떤 효과가 있습니까?

50대는 갱년기가 찾아오는 시기로 생리적인 변화를 겪게 됩니다. 사람들은 흔히 이러한 변화를 겪으면서 여성으로써의 존재의 상실감과 허무감을 느끼게 됩니다. 그러나 그것은 새로운 인생이 시작되는 것을 의미합니다. 40대까지의 자신의 몸을 벗어버리고 나무에 새싹이 나듯 새로 거급나는 시기입니다. 이러한 때에 차훈명상을 수련하게되면 새로운 몸의 기운과 즐거운 마음을 갖고 활기찬 생활을 하는데 도움을 줍니다.

7. 60대 여성에게 있어서 차훈명상은 어떤 효과가 있습니까?

60대에 있어서 건강관리는 필수입니다. 하지만 이미 근육과 관절이 약해진 몸으로 적당한 운동거리를 찾는다거나, 정신건강을 위해 새로운 취미거리를 배운다는 것은 쉽지 않습니다. 차훈명상은 육체에 무리를 주지 않고, 기혈의 움직임을 활성화시키고, 명상을 통해 정신을 맑히고 안정과 지혜를 넓힐 수 있습니다.

8. 청소년들에게 있어서 차훈명상은 어떤 효과가 있습니까?

청소년들은 시험으로 인한 스트레스를 받고 있습니다. 시험 자체에서 오는 스트레스와 시험과정, 시험 결과에서 오는 스트레스가 큽니다. 차훈명상은 이러한 스트레스를 해소하는데 좋은 효과가 있습니다. 특히 시험과정에서 보면 시험에 대한 부담감으로 인해 이미 알고 있는 것을 생각해내지 못하는 경우가 있습니다. 하루에 5분이라도 꾸준히 명상을 해줄 경우 이러한 시험과정에서 오는 스트레스를 해소시켜 안정된 마음 상태로 시험에 임해 자신의 실력을 100% 발휘 할 수 있으며, 익히 알지 못한 문제에 대해서도 보다 분명한 판단력을 갖고 대처하도록 도와줍니다.

9. 하루중에서 어느 시간대에 하는 것이 좋습니까?

본인의 생활습관에 맞추는 것이 좋습니다. 일어나서 목욕이나 세수를 하고 방안공기를 환기시킨 후에 차훈명상을 하면 하루의 일과를 상쾌하게 보내는데 효과적입니다. 하루 일과를 마치고 특히, 탁한 환경속에서 지냈을 경우에 잠자리에 들기전에 차훈명상을 하게되면 깊고 편안한 잠을 잘 수 있습니다. 잠자기 전에 차훈명상을 하는 경우에는 일반적으로 찻물을 마시지 않는 것이 좋습니다.

10. 차훈명상수련이 5단계로 구성되어 있는데 매번할 때 5가지 단계를 다 해야 합니까? 아니면 그 중 한 단계만 해도 효과가 있습니까?

시간이 충분할때는 순서에 맞게 5단계를 모두 수련하면 가장 효과적입니다. 그러나 짧은 시간에 수련해야 할 경우에는 어느 한 단계만 해도 효과가 좋습니다.

11. 차훈명상수련을 하루에 몇 번 이내로 해야 합니까? 많이 하면 부작용이 있습니까?

가장 많이 할 때 3번 이내가 좋습니다. 그리고 한번 한 뒤에는 여섯시간이 지난 다음에 다시 하는 것이 좋습니다.

12. 차훈득기에서 훈을 하고 있는 동안 가장 길 때 몇 분 정도 할수 있습니까? 가장 짧게 할때는 얼마 동안의 시간을 해야합니까?

찻잎을 넣고 뜨거운 물을 부은 다음에는 차훈완에 이마를 가져 갑니다. 뜨거운 찻물에서 나오는 차의 성분이 얼굴의 모공을 통해서 기혈을 정화시키고 들이마시는 숨과 함께 들어가는 훈기는 혈관을 통해서 몸안을 정화시킵니다. 일반적으로 시간이 3분 정도가 되면 뜨거운 훈에 얼굴이 흠뻑 젖어 있게 됩니다. 젖어있는 상태가 되었을 때 차훈의 효과가 큽니다. 짧게 하더라도 3분 이상을 하는 것이 좋습니다. 호흡이 순조롭고, 답답함이 없이 편안하고 안정된 상태가 유지 되면 계속 차훈을 해도 효과가 좋습니다. 차훈을 하다 뜨거운 열기가 식어 얼굴에 와 닿는 따스한 기운이 느껴지지 않고, 들이마시는 기운 또한 코에 와 닿지 않게되면, 차훈을 마무리하면 됩니다. 만약 그와같이 훈을 한 다음에도 느낌에 다시한번 훈을 하고싶으면 차훈완에 있는 찻물을 마시거나 혹은 그 물을 다른 곳에 부어낸 다음 찻잎을 그대로 둔채 다시 뜨거운 물을 부어서 훈을 하면됩니다. 그와같이 세 차례를 반복해도 좋습니다.

13. 차훈한 찻물을 마시는 것과 마시지 않는 것의 차이는 어떻습니까?

차훈을 하는동안 크게 두가지 효과가 있습니다. 얼굴에 기혈을 통창시켜주고 들이마시는 기운으로 혈관을 정화시켜줍니다. 혈관의 정화는 순환기의 정화를 뜻합니다. 차훈한 찻물을 마시게 되면 몸안의 소화기 계통을 정화하게 됩니다. 평소에 마시는 찻물에 비해 차훈명상을 하면서 마시는 찻물은 훨씬 소화기 기능을 정화시켜서 튼튼하게 합니다. 그래서 차를 평소에 즐겨마시는 분은 훈을 한 찻물을 그대로 다 마셔도 좋습니다. 만약 차를 즐겨마시지 않은 분은 차훈한 찻물을 다시 물과 타서 연하게 하여 그 물을 마시면 됩니다. 처음에는 차훈한 찻물을 바로 마실 수 없지만 익숙해 짐에 따라 바로 마실 수 있게 됩니다. 만약 차에 대한 알레르기성이 있거나 전혀 마시지 못하는 분은 차훈한 찻물을 마시는 대신 생수나 따뜻한 온수를 마시면 됩니다.

14. 혼자 차훈명상을 할 때와 둘이 혹은 여럿이 함께 할 때의 효과의 차이가 있습니까?

혼자 할때는 주변의 영향을 받지 않기 때문에 조용한 상태에서 수련을 할 수 있습니다. 서로 연인관계이거나 부부관계일 경우에는 함께 차훈명상을 수련함으로써 둘간의 심리적인 애정을 더욱 돈독하게 하는데 도움이 됩니다. 만약 여럿이 함께 차훈을 하는 경우에는 산만 할 수가 있습니다. 그러나 전문 차훈명상을 수련하는 장소에서 할 경우에는 여럿이 함께 같은 흐름에 맞춰 차훈명상을 할 때는 혼자 할 때 보다 더 효과적일 수 있습니다.

15. 집에서 차훈명상을 할 때 어떤 환경이 좋습니까?

다도실이나 서재 또는 참선명상을 하는 방이 있을 경우 그곳에서 하는 것이 좋습니다. 만약 따로 이런 공간이 없을 경우 침실이나 응접실 어느 곳이든 주변의 방해를 받지 않고 할 수 있는 곳에서 하면 됩니다.

16. 차훈명상을 하는 중에 전화가 오거나 혹은 손님이 찾아온 경우 어떻게 하는게 좋습니까?

물론 먼저 차훈명상을 하는동안 방해를 받지 않게 전화나 그밖에 일들을 정리해두는 것이 좋습니다. 만약 차훈명상을 하는 중에 전화가 오거나 손님이 오거나 해서 수련을 중단해야 할 경우에는 먼저 손을 단전에 모으고 심호흡을 크게 한차례 한 다음 중단하는 것이 좋습니다. 일을 본 다음 이어서 차훈명상을 해도 좋습니다.

17. 방안이 덥거나 후덥지근한 여름에 차훈명상을 수련해도 됩니까?

더운 여름 날씨에는 방안을 시원하게 한 다음 하는 것이 좋습니다. 만약 더운 환경속에서 해야 할 경우에는 차훈득기 부분을 생략하고 그밖의 차훈명상수련을 하면 좋습니다. 여름을 제외한 봄 가을 겨울은 따뜻한 방안에서 차훈명상을 하는 것은 전혀 지장이 없습니다.

18. 찻잎 외에 다른 성분의 약초나 꽃 등을 가미해 차훈을 할 경우 효과 차이가 있습니까?

원래 차훈명상에서 쓰였던 찻잎은 찻잎에 한정하지 않고 다양한 약초를 함께 사용해서 양생을 도왔습니다. 어떠한 약초나 식물재료를 함께 쓰는 것도 가능합니다. 그러나 이와 같이 차를 제외한 다른 성분을 함께 넣어 사용할 경우 반드시 전문가의 안배와 지도를 받아야 합니다.

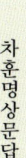

19. 고혈압인 사람이 차훈명상수련을 하면 어떻습니까?

혈관에 탁한 물질이 피의 순환을 방해함으로써 고혈압 등의 질환이 생기게 됩니다. 차훈명상을 하는 동안 들이마시는 훈기에 의해 혈관의 탁한 기운들을 정화시켜 줌으로써 혈압을 정상적으로 만들어 줍니다. 만약 고혈압의 정도가 심하거나 평소에 차를 마시지 않는 분은 전문가의 지도를 받아 차훈득기수련을 해야 합니다. 차훈득기를 제외한 4가지 수련은 혈압을 정상화 시키는데 큰 도움을 주며 스스로 해도 됩니다.

20. 위궤양이 있는데 차훈한 물을 마셔도 됩니까?

단지 본인이 평소 마시는 정도의 농도로 맞추어 적당량을 마시면 됩니다.

21. 술을 마신 다음 차훈명상을 해도 됩니까?

술독을 제거하는데 차훈명상은 큰 효과가 있습니다. 차훈한 찻물은 평소에 마시는 적당량을 마시고 만약 술에 취했을 경우에는 차훈명상은 하지 않습니다.

22. 차의 성분은 각성효과가 있어 잠자기 전에 차훈명상을 하면 수면에 방해가 되지 않습니까?

차훈한 찻물을 마시지 않고 온수나 냉수를 마시면 됩니다. 평소에 차를 즐겨 마시는 사람은 차훈한 찻물을 마셔도 수면에 방해되지 않습니다.

23. 공복에 차를 마시면 위를 상한다는데 차훈명상으로 단식을 할 경우에 위를 상하지 않겠습니까?

녹차가 차가운 성분이 있어 공복에 마시게 되면 위를 자극하는 경우가 있습니다. 그러나 차훈을 할 때 쓰는 철관음은 약간의 발효가 되어 있어 위를 따뜻하게 해줍니다. 단지 자신이 평소 마시는 차의 농도에 맞춰 마시면 됩니다. 녹차류를 사용할 경우에 평소 마시는 것보다 연하게 우려서 따뜻하게 마시면 됩니다. 철관음 등 발효가 된 찻잎을 사용할 경우에는 평소처럼 마시면 됩니다.

24. 차훈명상으로 단식을 몇 일까지 할 수 있습니까?

전문 수련인인 경우에 그 사람의 공력에 따라 1주일 혹은 1달 간을 해도 됩니다. 그러나 일반인의 경우 하루 차훈명상단식이 가장 효과적입니다.

25. 하루 차훈명상 단식을 몇일 마다 하는 것이 좋습니까?

　　사람마다 다릅니다. 일반적으로 전문수련을 하는 경우 일주일에 한번이 적합하고 일반인의 경우 한달에 한번이 좋습니다.

26. 수돗물로 차훈명상을 해도 됩니까?

　　복용할수 있는 수돗물인 경우 괜찮습니다. 그러나 좋은 물을 쓰는것이 좋습니다.

27. 얼굴에 열이 오르거나 숨이 갑갑한 경우에도 차훈명상을 할수 있습니까?

　　그러한 원인이 한기에 의해 발생한 경우엔 괜찮습니다. 차훈명상 수련을 통해서 얼굴과 호흡기를 안정시키는데 도움이 됩니다. 그러나 마음으로부터 생긴 원인인 경우 먼저 안정을 취한 다음 의식이 편안해 졌을 때 수련을 하는 것이 좋습니다. 만약 전염된 기운에 의한 경우 전문가의 지도를 받으셔야 합니다.

28. 저혈압인데 차훈명상수련을 할 수 있습니까?

　　차훈명상수련을 통해 몸의 기능을 활성시켜주기 때문에 정상적인 혈압으로 돌아오게 하는데 도움이 됩니다.

29. 불면증이 심한데 차훈명상수련을 할 수 있습니까?

　　차훈명상은 편안한 잠을 잘수 있게 도와 줍니다. 불면증의 원인은 여러가지가 있는데, 그중에서도 의식분열에 의한 경우가 가장 많습니다. 즉 불안, 복잡, 긴장한 생활이 이어지면서 불면증이 점점 심해집니다. 차훈명상은 정신의식을 이완시켜주는데 큰 효과가 있습니다. 매일 잠자기 전에 차훈명상을 수련하게 되면 몇일이 지난 다음부터는 깊은 잠을 이루는데 효과적인 것을 알게 됩니다.

30. 생리중에도 차훈명상수련을 할 수 있습니까?

　　할 수 있습니다.

31. 얼굴에 훈을 하는 차훈법 외에 눈이나 귀 혹은 특수 부위를 수련하는 차훈법이 있다는데 그렇습니까?

　　눈 차훈법은 시력을 보호하는데 효과가 있고, 귀 차훈법은 노화를 방지시켜주는데 효과적입니다.

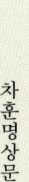

32. 차훈명상이 다이어트에도 효과가 있습니까?

중국에서는 다이어트 식품으로 가장 대표되는 것이 우리가 차훈할 때 쓰는 철관음 차입니다. 차훈명상 중에 마시는 차는 훨씬 더 흡수력이 좋고 각 세포에 영향을 줘서 지방 분해 효과를 극대화 시킵니다.

33. 차훈명상이 기억력과 판단력을 향상시키는데 도움을 줍니까?

그렇습니다.

34. 병원에 입원한 상태에서도 차훈명상 수련을 할 수 있습니까?

할 수는 있으나 주치의의 허용이 있을 때 해야 합니다.

35. 코가 막혀있는 상태인데 차훈명상을 해도 됩니까?

한쪽 코만 막힌 상태라면 차훈을 해서 콧속을 부드럽게 해주는 것이 효과적입니다. 코로 숨을 쉴 수 없고 입을 벌려 호흡해야 할 경우에는 차훈득기를 제외한 나머지 수련만 합니다.

36. 차훈을 하는 중에 얼굴이 간지러운데 어떤 반응입니까?

차훈을 할 때나 하고 난 다음 마르고 있는 과정에서 얼굴이 가렵거나 혹은 찌릿한 경우가 있습니다. 그것은 막혔던 혈이 풀리는 반응으로써 그때 손으로 만지거나 닦을 경우에 기혈이 풀리는 효과를 상실하게 됩니다.

37. 차훈명상을 할 때 어떤 음악이 좋습니까?

자신이 좋아하는 음악이 좋습니다. 단지 고요한 음악, 가능한 경음악을 택합니다.

38. 차훈명상을 할 때 어느 정도의 빛이 좋습니까?

은은한 빛이 좋습니다. 만약 등불을 켜고 할 경우 등불이 직접 눈에 와 닿는 것은 피합니다.

39. 가벼운 옷차림으로 차훈명상을 한다고 되어있는데 방안 공기가 차가울 경우 춥다고 느껴지면 옷을 더 입어도 됩니까?

춥다고 느껴질 때는 허리와 발 아랫배 부위를 따뜻한 담요나 이불로 감싸고 하는 것이 좋습니다.

40. 차훈명상을 한 다음 남녀 잠자리를 함께 해도 됩니까?

일반적으로는 차훈명상을 한 다음 합방을 하게되면 정신이 맑고 몸도 편안하여 더욱 효과적입니다.

41. 차훈명상을 할 때 찻물을 마시고 싶지 않을 때 어떻게 해야 합니까?

그럴때에는 마시지 않는 것이 좋습니다.

42. 밥을 먹은 다음 소화가 되기 전에 차훈명상수련을 할 수 있습니까?

과식으로 인한 경우를 제외하고는 할 수 있습니다. 그러나 공복이었을 때 양생 효과가 가장 큽니다.

43. 바닥에 앉아 차훈명상을 할 때와 의자에 앉아 할 때의 차이가 있습니까?

차훈득기수련만 할 경우에는 같은 효과입니다. 차훈명상의 전체과정을 수련할 경우에는 바닥에 정좌를 하고 하는 것이 효과적입니다. 만약 바닥에 앉는 것이 불편한 환경이거나 신체가 불편할 경우 의자에 앉아 하는 것도 좋습니다.

44. 반지나 목걸이를 한 상태에서 차훈명상을 해도 됩니까?

몸에서 시계 반지 목걸이 등을 풀고 할 경우에는 더욱 효과적입니다.

45. 차훈완의 재료는 어느것이 좋습니까?

도자기, 유리, 옥, 나무 등 무엇이든 가능합니다. 그러나 전통적으로 사용하는 차훈완은 일반적으로 도자기로 되어 있고 가장 무난합니다.

46. 더울 때 선풍기나 에어컨을 켜고 차훈명상을 해도 됩니까?

선풍기나 에어컨에서 나오는 바람이 직접 호흡을 할 때 지장을 주지 않도록 방향을 잘 선정해서 합니다.

차茶훈熏명冥상想

초판1쇄 발행일 2005년 12월 2일 ▮ 초판2쇄 발행일 2009년 12월 22일
감수 靜岩 ▮ 저자 仙海(이경희) ▮ 펴낸이 金賢會 ▮ 펴낸곳 하늘북
등록 1999년 11월 1일(신고번호 제 300-2003-138) ▮ 주소 서울시 종로구 필운동 139-1
전화 02-722-2322 ▮ 팩스 02-730-2646
▮ http://www.hanulbook.com ▮ E-mail: hanulook@yahoo.co.kr

ⓒ 선해, 2005
ISBN 89-90883-12-1 03590

값 12,000원

잘못 만들어진 책은 구입하신 서점에서 교환해 드립니다.
이 책을 무단 복사, 복제, 전재하는 것은 저작권법에 저촉됩니다.